班主任
经营班级的
智慧与策略

Idea

曾 斌◎编著

吉林文史出版社

图书在版编目（CIP）数据

班主任经营班级的智慧与策略 / 曾斌编著. — 长春：
吉林文史出版社，2020.3
ISBN 978-7-5472-6780-6

Ⅰ.①班… Ⅱ.①曾… Ⅲ.①班主任工作 Ⅳ.
①G451.6

中国版本图书馆CIP数据核字（2020）第041460号

班主任经营班级的智慧与策略
BANZHUREN JINGYING BANJI DE ZHIHUI YU CELÜE

编　　著：曾　斌
责任编辑：程　明
封面设计：姜　龙
出版发行：吉林文史出版社有限责任公司
电　　话：0431-81629369
地　　址：长春市福祉大路5788号
邮　　编：130117
网　　址：www.jlws.com.cn
印　　刷：北京虎彩文化传播有限公司
开　　本：170mm×240mm　　1/16
印　　张：12.75　　　　　字数：230千字
印　　次：2022年6月第1版　2022年6月第1次印刷
书　　号：ISBN 978-7-5472-6780-6
定　　价：45.00元

教育部颁布的《中小学班主任工作规定》明确指出："班主任是中小学日常思想道德教育和学生管理工作的主要实施者，是中小学生健康成长的引领者，班主任要努力成为中小学生的人生导师。"随着教育形势的发展，对班主任的素质要求也越来越高，新时代的班主任应该是有个性、有特色的智者。

教育是一门艺术，它不是简单的聪明，而是灵活的智慧。当一个人的知识增加时，他的智慧也在随之提高。智慧的建筑需要基础材料，智慧的敏锐取决于丰富的知识和实践。所以，只有成为一位智慧型的班主任，才能适应现代化教育的发展。

新课程规范下的班主任主要是一个引导者的角色，引导学生全面健康发展，而不仅是一个管理者。班主任既要关心学生的学习，还要关心学生的生活、健康、心理、道德。也就是说，既要关心学生的自然生命，又要关心学生的精神生命，而且精神生命的关怀是班主任工作的主要使命，是最根本的教育理念，也是最重要的教育品质。

教育家乌申斯基说："不论教育者是怎样地研究教育理论，如果他没有教育机智，就不可能成为一个优秀的教育实践者。"教师的教育机智是教师在教育、教学过程中一种特殊的定向能力，是指教师对学生活动的敏感性，能根据学生新的，特别是意外的情况，迅速而正确地做出判断，随机应变地采取恰当而有效的教育措施解决问题的能力。

本书通过对班主任经营班级的认识和总结，将实践中探索的管理方法予以分类汇总。全书从六个方面对班主任的教育智慧与策略进行编写。第一辑的关键词为"爱"，即"热爱教育，热爱班级"。爱是教育的灵魂，没有爱就没有教育，诠释了班主任应如何走进学生心灵，并做到以"爱"育"爱"。第二辑的关键词为"全"，即"全面管理，全面发展"。从班风、班规的制定，到学生心理的疏导，再到班级活动的组织和实施，全方位解读了班主任日常工作的内容和方法。第三辑的关键词为"勤"，即"勤了解，勤观察，勤发现"。班主任要做到"亲""勤"并举，及时解决学生学习和生活中的问题，做好对每一名学生的引导和培养。第四辑的关键词为"细"，即"详细沟通，精细处理"。对班主任工作中的细节问题进行智慧型分析和总结，并提出了应对策略。第五辑的关键词为"严"，即"从严要求，从严衡量"。班级管理工作中，制定切实可行的管理制度，明确班级建设的目标，追求"管"与"理"的有机融合。第六辑的关键词为"放"，即"适当放手，增强主动"。班级管理需要适时地"放"，班主任要做到把学生的班级还给学生，让每名学生都成为班级管理者，引导学生自我管理，并培养学生的自学自育能力。本书既可作为班主任培训用书，也可作为中小学班主任专业成长的读物。

作为一位新时代的班主任，只有经常性地学习他人的教育方法，并在实践中结合自己的经验加以运用，还要及时反思、总结和提高，才是一位智慧的班主任，才能引领学生朝着理想的方向前进！

本书在编写过程中广泛参阅了相关问题的研究成果，借鉴了一些专家学者的观点和看法，在此谨向他们致以敬意和谢意！囿于作者水平有限，书中难免存在疏漏，还请读者朋友批评指正！

编 者

2019年3月

目 录

第一辑 ⌄

"爱"——热爱教育，热爱班级

第二辑 ⌄

"全"——全面管理，全面发展

第三辑 ▽▽

"勤"——勤了解，勤观察，勤发现

第四辑 ❯❯

"细"——详细沟通，精细处理

第五辑 ❯❯

"严"——从严要求，从严衡量

第六辑

"放"——适当放手，增强主动

第一辑

『爱』

——热爱教育，热爱班级

师德修养之奉献、宽容与理解

教师的身上承担着培养有理想、有道德、有文化、有纪律的一代新人的重任，教师的工作关系到青少年的成长，关系到国家和民族的命运。师德是教师这种职业的灵魂和精髓。所以，提高师德修养十分重要。"师德修养"是可以培养的，但首先要有教育情怀，即热爱教育事业，理解自己的学生。只有这样才能努力去思索、去实践，用孩子般的心去赢得学生，从而达到教育的最佳境界。

一、奉献之心

教育在人们眼中都是充满无私奉献精神的神圣职业。教育家陶行知先生就曾反复强调，要教育学生有奉献之心。从心理学上讲，奉献之心源于爱心。最应该拥有爱心的人是教育者，作为最基层教育的管理者，班主任不能缺失对教育的爱，要热爱自己的职业、热爱自己的学生。学生到学校固然是来学习科学文化知识的，但更重要的是学习如何做人。而道德、个性、情感、人格这些做人最核心的内容，需要教育者用心、用情加以培养和陶冶。"捧着一颗心来，不带半根草去。"陶行知先生以一颗伟大的爱心滋润着无数颗童心，也培养出了无数的爱心。陶行知先生说："谁不爱学生，谁就不能教育好学生。"从苏联杰出的教育家苏霍姆林斯基到中国的教育家魏书生及全国知名教育专家李镇西，他们无不对每一个学生给予无私的爱，不但爱优等生，也同样爱普通学生，这就是无私的爱。

这种教育之爱是没有功利性的，它是教育者人性的自然流露，即教育情结，不是道德使然，更不是教育的手段或工具。

作为班主任，苦与累是不言而喻的。明代学者章溢早就说过："乐与苦，相为倚伏者也，人知乐之为乐，而不知苦之为乐。"所以，态度决定一切。全国知名教育专家李镇西说过这样一段话："既然我们选择了教育者，就不愿苟且地混日子或怨天尤人，而是希望在每一天的工作中，享受职业和人生的快乐，让教育生活尽可能有滋有味。"

从客观上说，班主任工作比起单纯的知识传授要复杂多了，因为教育对象是活生生的人，千差万别，而且每一个人都是一个完整的世界，所以没有现成的教材，也没有具体的模式可以效仿。尽管如此，还是有些老师偏偏爱当班主任，李镇西就是其中之一。李镇西老师说："我们面对的是朝气蓬勃的脸庞，这多么令人欣喜；作为班主任，永远面对的是晶莹的童心，这多么令人骄傲；作为科研工作者，永远有挖掘不尽的宝藏，这多么令人自豪。献身于这平凡而崇高的事业，一切辛苦都是甜蜜的。"在教育专家眼中，"苦"中有无穷之乐，乐中有无尽之趣，关键取决于教师的心态。

我们对教育事业要无私奉献，树立服务意识，能站在人生和时代的高度，着眼于学生的未来与社会的未来去培养和教育人。

二、宽容与理解

爱因斯坦说："善于宽容是教师修养的情感问题。宽容中蕴含着理解、信任、平等，表明教育者对自己和教育对象积累了足够的信心，也浸透了一种于事业、于学生的诚挚和热爱。"作为教育者，要正确对待学生的错误与不足。对学生的错误与不足一定要认真研究和分析，这是站在成人的角度对学生应有的态度，也是对童年的理解。学生犯错误是成长过程的必经阶段，学生是成长中的孩子，有缺点和问题是寻常而自然的。若真能这样看待问题，工作就会多几分从容、多几分理解，工作态度就会平和许多。但要注意，宽容不是纵容，而是一种境界，一种艺术、更是一种智慧。

一个班里的学生差异很大，造成这样的差异是多方面的。美国心理学家、教育家布鲁姆指出："造成学业差异的主要原因不是遗传和智力，而是家庭和学校环境不同，人生就像一张白纸，是周围环境使它丰实和变化。"所以，我们不应该歧视家庭环境不好的学生，因为学生无法选择自己的家庭。作为教师，不能只关注学生成绩而忽视品德培养。

教育学生一定要结合学生心理发展的特点和规律。如果目标过高，学生做不到，老师烦恼，学生反感。因此，我们必须学会用学生的眼睛去观察，用学生的耳朵去倾听，用学生的兴趣去探索，用学生的情感去热爱。

教师必须是个有原则的人，且原则应该是有教育意义的，更要言行合一、以身作则。但原则不是一成不变的，它可以依情况而变通，做到"宽而不松，严而不苛"。这主要表现为教师在对待学生的态度上要做一个有人情味儿的老师，而不是一味地消极禁止。与此同时，还要培养学生自治能力，养成良好的自律习惯。

总之，教师是学生知识增长和思想进步的导师。通过教师的劳动培养人、塑造人、改造人，促进学生素质的全面提高，这是教育的宗旨，是教师职业道德的核心。"十年之计，莫如树木；终身之计，莫如树人。"人民教师担负着培养"德、智、体、美、劳"全面发展的人才的重任，因此教师的道德素养也需要不断提高，只有这样才能真正成为一位名符其实的"人类灵魂工程师"。

班主任工作的核心地位

班主任是班集体的组织者和领导者，是学校领导进行教导工作的得力助手。班主任对一个班的学生工作要全面负责，组织学生的活动，协调各方面对学生的要求，对一个班集体的发展起主导作用。

在学校教育中，班主任面对着几十双期待和信赖的眼睛，任劳任怨、呕心沥血地发挥自己的创造智慧，严格要求自己，不断提高和扩展自己的知识能力，并用自己的模范言行为学生树立榜样，为人师表。班主任要像一支点燃生命的蜡烛，以自身的光点亮青少年心中的明灯，以自身的人格成为学生的楷模。

一、班主任工作的时代性

时代发生的一切都以某种方式在校园中呈现出来，所以教育必须与社会同步，班级工作必须把握时代特征，明晓新时期新课程带来的变化。主要体现在三个方面：科学技术发展带来的挑战、市场经济带来的挑战、信息网络带来的挑战。

作为学生思想教育一线的班主任，必须清醒认识并积极应对面临的挑战。新课程标准的确立，使班主任工作从内容到形式都有了重大调整和变化，这种变化与课程改革总目标是一致的。

二、班主任的角色转换

传统教育对学生的情感、态度和价值的重视不够，直接影响了教育培养的目标，即培养什么样的人，这是新课程下班主任管理内容的实质。为此，新课程的理念要求班主任要重新审视自己并转换自身的角色。

1. 从单一型向多元型转换

传统观念下，班主任的角色只是学科教师的一种自然延伸，似乎任何一个任课教师都能担当。而新理念下班主任的角色内涵是丰富的，他不仅是学科专家，还是学生成长中的"人生导师""班级文化建设的设计师""学生的朋友与知己""学生心理健康发展的咨询者"等，而所有这些内涵都对新时期的班主任素质提出了新的要求。

2. 由权威型向对话型转换

传统教育的显著特征是班主任在班级管理中拥有绝对的权威，学生对班主任是绝对服从。这样培养出来的学生依赖性强、独立性差，缺少主动性和创造性。新课程要求班主任抛弃原来绝对权威的角色形象，成为"对话型""引导型"的角色，树立起新时期"生活导师"的形象。

3. 由限制型向发展型转换

新课程理念下的班主任不应该把学生的失误看得太重，避免用"不要……""不能……"等口语去限制学生，而是和学生一起探讨如何改进与发展，进而去创造。

4. 由高耗型向高效型转换

传统教育是把班主任的工作简单重复，耗时多、收效少。新课程理念下的班主任则是把工作重心转移到了解学生、研究学生的高度上，然后采取行之有效、灵活多变、富有创造性的德育方法，以实现德育效率的最大化。

5. 由经验型向科研型转换

新课程的理念已经充分意识到教育对象是不断变化和发展的，经验固然重要，但以不变应万变显然是不科学的。新时期的班主任要强调掌握教育科学和管理科学，要在研究学生的基础上再实施有针对性的教育。因此，新时期的班主任必须走教育科研之路。

6. 由被动简单适应型向主动创新型转换

新课程理念下的班主任应该是积极能动且富有创造性的主体，努力探寻新的工作方法和工作内容，而且班主任创造性的工作理念与工作方法又必然对学生创造性的人格形成起着潜移默化的作用。

7. 由封闭型向开放型转换

新课程理念下的班主任要充分认识到自己是各种教育力量的协调者，他应该以"教育社会化"的新视角看待班主任工作，强调主动了解并研究家庭教育、社会教育，把学校教育扩展到全社会。

综上所述，学校是专门从事教育工作的机构，而学校的教育教学工作大多是通过班级来进行的。新时期新课程背景下的班主任是学生的精神关怀者，而精神关怀又是班主任专业化的核心内容。因此，新时期的班主任在很大程度上决定了学校、班级德育的有效落实。关注班主任，就是关注学生的可持续发展。由此看来，班主任的工作内容是学校德育的核心内容，在整个学校教育和管理中占有核心地位。

班主任的三重身份

以培养创造人才为目标的班主任工作，历来是一项艰辛而复杂、烦琐而又特殊的工作。今天的教育更有其时代的特殊性，学生视野开阔，价值观趋于功利和多元化，个性张扬，情感脆弱。作为教育单位的学校，高度重视下一代的教育培养，是广大教师尤其是班主任义不容辞的责任。亚里士多德说："习惯实际上已成为天性的一部分，习惯成自然。"教育不是简单的智育，只有改变学生的一些坏习惯，培养一些好习惯，才能开启成功的教育。由此可见，新时期的班主任工作从内容到形式都要做重大调整和变化，而且这种挑战随着时代的变迁而层出不穷，没有止境。作为新时期的班主任，必须集中更多的时间和精力去从事那些有效果和有创造性的工作，如设计、学习、咨询、组织、研究、交往，以积极面对各种挑战。

托尔斯泰说："如果教师只有对事业的爱，那么他是一个好教师；如果教师只有像父母那样对学生的爱，那么他要比一个读过许多书但是既不热爱事业又不热爱学生的教师好；如果教师把对事业的爱和对学生的爱融为一体，他就是一个完美的教师。"总体上看，一位真正爱学生的班主任应该同时具备三种身份：严父、慈母和朋友。

一、严父

俗语说："玉不琢，不成器。""没有规矩，难成方圆。"就是说，培养人的工作必须高标准、严要求。没有要求，等于没有教育。《三字经》里说："养不教，父之过；教不严，师之惰。"诚如所言，中国的传统教育向来就是以严格著称的，正所谓"严师出高徒"。因此，作为教师尤其是班主任必须严格按照学校的规章制度要求学生，使他们在德、智、体、美、劳等方面得到全面发展。

二、慈母

青少年学生怎么说还是成长中的孩子，既然是孩子，就需要母亲的关爱。如果他们得不到教师的关心和爱护，就像花儿得不到阳光雨露，最终会枯萎。因此，教师要有慈母之心，善待学生，尊重、呵护他们，尤其是要帮助学生树立自信心，使其有勇气克服成长中的困难。

三、朋友

新课程标准要求教师能够成为学生的"知心朋友"，这里的"知心"是以"诚"为前提条件的。这就要求教师和学生在人格上建立起平等的朋友关系，进而相互理解、相互信任。相反，如果教师总是高高在上，学生就会敬而远之，导致有话不敢说、有意见不能提，教师也就谈不上是学生的阳光使者，教育也会因此大打折扣。因此，教师必须善于与学生交朋友，坦诚相待，做学生的知心朋友，才能真实掌握学生的思想动向。

由此可见，班主任的三重身份是相辅相成、缺一不可的，只有这样教育才能达到最佳状态。新课程背景下的班主任，其角色内涵是丰富的，他不仅是"学科专家"，而且是"组织者""管理者""模范公民""父母代理人""学生的朋友知己""学生人际交往的指导者""学生心理健康发展的咨询者"等。无论是在知识技能上还是在行为品质上，都必须具备以身垂范的能力，既要当好"经师"又要当好"人师"，"经师"即"学科专家"，"人师"即"人生导师"。用通俗的话讲，就是既教书又育人。

班主任工作方法与艺术

班主任工作是一项艺术，艺术需要创新；班主任工作是一门科学，科学需要求真；班主任工作是一项事业，事业需要献身。要当好班主任，做好班主任工作，就必须与时俱进，迎接新的挑战，并把握新教育形势下的时代脉搏，思索管理班级和学生新的方法与艺术。

一、用人格魅力感召学生

一位成功的班主任不仅要有一颗诚挚的爱心，而且还要善于运用其特有的人格魅力去征服学生，具体在工作中要注意以下三点：

1. 提高自身素质

"有魅力才能吸引学生，而有实力才会有魅力。"这是一句很有哲理的话。一位出色的班主任从表面上看并没有什么特殊之处，但他们非常注重平时的积累和提高，注重自身修养的培养。"腹有诗书气自华""厚积薄发"，每一位班主任在平时的教学中、生活中都应阅读大量的教育教学理论专著、教学案例、名人传记、名篇美文，并且注重反思和总结，联系实际，发现规律并运用规律，所以在教学中能够信手拈来、出口成章、得心应手。学生在接受批评教育和指导时，也会为班主任的实力所震撼，为班主任的魅力所折服，达到不战而屈人之兵、润物细无声的效果。在平时，经常会有学生就像小鸟一样，叽叽喳喳围在班主任的身边，班主任和学生之间的那种亲切感，是别人无法体会到的。这么多的学生崇拜你、亲近你、信任你，这才是对班主任工作的最大肯定，这才是班主任人格魅力的印证。

2. 言传身教

有人说，班主任是学生的一面镜子。学生对班主任的态度，具有特殊的敏感性。学生用特有的目光，注视着班主任的一言一行、一举一动。在他们眼中，班主任的言行、举止、微笑、风度都十分美妙。著名教育家叶圣陶曾说："教育工作者的全部工作就是为人师表。"这就是说，我们做班主任工作必须要规范自己的言谈举止，要以自己的"言"为学生之师，"行"为学生之范，言传身教，动之以情，晓之以理，导之以行。这就要求在评价学生的言语中，在与学生的交谈中，在参与学生的活动中，我们必须把好语言这个关口。特别要注意：表扬不能失实、超限；批评不能贬斥、刺伤，要很好地掌握分寸，努力使自己的语言具有教育性、启发性、简练性和直观性等。

3. 立守信，重正身

所谓守信，就是老老实实，不欺骗人，这是班主任道德教育的基础。作为班主任，应该时时处处表里如一、言行不二，做学生心目中最为诚实可信的人。身教重于言教，班主任的行为表达着情感，学生从班主任行为中接受着情感的熏染和启迪。孔子曰："其身正，不令而行；其身不正，虽令不从。"试想，一个上课迟到、学生作业不及时批改的班主任，如何让学生按时上学、按时完成作业；一个见难不帮、见坏事不制止的班主任又如何教出救困济贫、助弱斗凶的学生。可见，班主任的一举一动都是无声胜有声。凡是要求学生做到的，班主任必须身体力行，时时刻刻以自己的人格影响学生，以自己的品行感化学生，以自己的言行引导学生，处处是学生的楷模，事事是学生的榜样。

二、与学生相处的艺术

1. 建立良好的沟通

班主任在班级管理中需要掌握学生的思想动态，对学生进行教育时不能生硬地说教，而应讲究沟通艺术，晓之以理，动之以情。班主任通过语言交流了解学生看问题的观点和视角，在教育引导上往往能起到画龙点睛的作用。在师生沟通中，首先要倾听学生的表述，表情要专注，这是沟通的第一步，使学生产生信任感，拉近师生情感上的距离；沟通的第二步，要营造平和的气氛，这就需要师生以正常的心理状态进入各自的角色。

沟通的具体做法因人而异。对性格外向、活泼、心直口快的学生，可采用单刀直入的交流方式，准确指出问题所在；对性格内向、语言交流能力差的学生，则要动脑筋为他们创造沟通的环境及条件，可采用口头沟通与书面沟通相结合的方式。

2. 把握好师生平等的度

要承认师生是平等的，而不是居高临下地面对学生，这基本上已经成为教育工作者的共识。但是，师生之间的平等并不意味着自己全部地、真实地暴露，不等于在学生面前毫无顾忌、完全迁就学生。从学生的角度看，学生对班主任没大没小，甚至称兄道弟，也不是真正意义上的师生平等。

在对学生教育的过程中，班主任与学生完全没有距离，有时候就难以产生权威和威信。这方面，"刺猬定律"值得我们思考：两只困倦的刺猬，由于寒冷而挤在一起，可是每个刺猬身上都有刺，以致刺得对方怎么也睡不着。它们不得不分开，可是又冷得受不了，于是又凑到一起。几经折腾，两只刺猬终于找到了一个合适的距离，既能互相获得对方的体温又不至于被对方的刺扎到。这个定律告诉我们，过于亲密就会伤害到彼此，而过于疏远又得不到对方的温暖，只有保持最佳的距离才能够得到对方的温暖，彼此又不会受到伤害。

班主任与学生之间，开始时应保持一定的距离，相互适应之后再做进一步交流。平等并不简单地表现为起点的平等，而是最终结果的平等，是一种沟通意义上的平等。在班主任和学生的交流中，是一个动态的过程，是一个情感交融的过程，是一个相互理解和信任的过程，当理解达到认同、信任得以证实，就能造就学生的成功。当情感隔阻、闪光点被遮掩、个性被遏制，就可能毁掉学生的一生。诚然，用热忱去编织青春的梦，用爱心去融化冰雪，使之汇成大川激流飞速向前，是班主任永恒的追求。

三、表扬与批评的艺术

1. 让学生获得成功的体验

美国教育心理学家詹姆士说："人类本质中最殷切的要求是渴望被肯

定。"通俗地说,就是人都是喜欢听好话。对学生来讲,表扬就好比是阳光、甘露,它能够收到非常好的效果。

罗杰·罗尔斯是纽约历史上第一位黑人州长。他出生在纽约声名狼藉的大沙头贫民窟,这里的孩子成年后很少有人能从事较体面的职业,罗杰·罗尔斯是个例外。在他就任州长的记者招待会上,罗尔斯对自己的奋斗史只字不提,他提起了一个大家非常陌生的名字——皮尔·保罗。

皮尔·保罗是罗尔斯的小学老师,他在1961年被聘为诺必塔小学的董事兼校长。当时正值美国嬉皮士流行的时代,皮尔·保罗走进大沙头诺必塔小学的时候,发现这里的穷孩子比"迷惘的一代"还要无所事事:旷课、斗殴,甚至砸烂教室的黑板。当罗尔斯从窗台上跳下,伸着小手走向讲台时,皮尔·保罗对他说:"我一看你修长的小拇指就知道,将来你是纽约州的州长。"罗尔斯大吃一惊,长这么大只有奶奶让他振奋过一次,说他可以成为5吨重的小船的船长。这一次,皮尔·保罗先生竟说他可以成为纽约州的州长!他记住了这句话,并且相信了它。从那天起,"成为纽约州的州长"成了他人生道路上的一面旗帜。他的衣服不再沾满泥土,说话不再夹杂着污言秽语,他成了班主席。在以后的40多年里,他没有一天不按州长的身份要求自己。51岁那年,罗尔斯真的成了州长。

2. 批评不可或缺

没有惩罚的教育是不完整的教育,没有批评的教育是一种虚弱的、脆弱的、不负责任的教育。教育为学生的终身发展服务,旨在帮助学生建立正确的价值观和人生观。如果对学生的错误、缺点一味地迁就,则不利于学生正确的价值观形成和精神世界的提升。惩罚不一定就意味着伤害,批评不一定就意味着不宽容、不尊重。那么,班主任该怎样用好批评和惩罚呢?

(1)要克服情绪化的批评。教师是注重自己职业形象的特殊行业,即便是自己有了消极性情绪,也要顾及自身师德师风而选择隐忍,更不能借机拿学生撒气。作为教师,不管你是否愿意,每天你都得面对来自家庭、学校和社会各方面的负面冲击、负面刺激源。与其情绪化教学,还不如退一步,把自己的情绪调整到适宜的状态下,心平气和地走入课堂,从而避免给学生带去身心伤害的可能。

（2）避免滥用批评。有时会听到班主任说："我班上有个学生真是冥顽不灵，天天批评他，就是不改正，真是刀枪不入了。"其实，这个学生对班主任的批评已经产生了"抗体"。一开始，班主任的批评可能是轻微的，一看效果不明显甚至没有效果，于是批评越来越严厉，学生的"抗体"也随之变得越来越强大。如此恶性循环下去，学生刀枪不入的功夫也就慢慢炼成了。在这种情况下，教师可尝试改变一下教育方式，说不定会产生意想不到的效果。

（3）注意批评时的语气、内容、场合、方式。批评并不是非要以一张"教育的面孔"来进行，变变脸，有时能收到奇效。用什么样的语气、语调，是严厉的还是温和的，批评的方式是直接指责还是含蓄提醒，这些都因错误的大小而异，因犯错误学生的心理承受能力而异，因初犯、屡犯而异，因男生、女生而异，因群体错误和个人错误而异。

四、同理心的运用艺术

在传统的教育过程中，很多教师或许都没有认真地思考过这样的问题："我理解我的学生吗？我的学生能理解我吗？"也有可能我们曾经思考过这样的一个问题，但没有把这个问题带到教育活动中去。随着时光的流逝，我们面对着新时代的学生，无法把握学生需要什么、思考的是什么，自己显得有些有心无力。其实我们缺少的是与学生真诚的沟通，需要的是用心去理解我们的学生。这就要求我们学会换位思考，建立一种新时期和谐平等的师生关系。我国历史上的一些教育家曾十分重视培养和建立良好的师生关系。战国时期的荀况用"青，取之于蓝，而青于蓝；冰，水为之，而寒于水"，比喻学生可以后来居上，超过老师；唐代的韩愈说："弟子不必不如师，师不必贤于弟子。"但传统教学的师生关系过分强调"师道尊严"，这不仅影响教学效果，而且使师生双方的发展都受到限制，从而导致失去师生关系的教学相长意义，失去教育的真实内涵。教育如同一架天平，要让天平平衡，那么两头都要有一样的重量。对于教师而言，每一名学生都是同等重要的，这就要求我们建立这样的信念：人人都有自己的价值和尊严，人人都是平等的，人性唯贵。我们在进行工作时，必须把学生当作一个与自己平等的人去看待，要理解学生，站在学生的角度换位思考，用当事人的眼睛去看，用当事人的耳朵去听，用当事人的心去体会，设身处地了解学生的心理状况、心理行为以及问题产生的原因，而不是把师生关系看成是简单的管理和被管理的上下级关系。只有这样，我们的教育才能如春风化雨一般为学生所接受，才能做到有的放矢。特别是在处理犯错误学生的工作时，一定要善用"换位思考法"对学生进行教育。处理时不仅要从大局出发，还要面面俱到；既要从个人与集体方面考虑，也要从现在和以后方面考虑；既要从教师与学生方面考虑，也要从家长与孩子方面考虑。这种考虑不是固定的，而是动态的，角色和立场是互相转换的。只有这样，学生才能最快、最清楚地认识问题、解决问题，学生才会"亲其师，信其道"，师生才会和谐相处、其乐融融。

在新时期的班主任工作中，只要时时用心去揣摩、用心去研究、用心去挖掘、用心去实践，就会发现方法在眼前、技巧在身边、艺术在心中。

营造和谐班级的策略

一个班集体就像一个大家庭，班主任是学生的家长，每名学生有着不同的性格、爱好，有着不同的学习基础。如何使不同的学生健康成长呢？班级是一首动听的歌，和谐是它的主旋律，用爱心去播种，用智慧去耕耘，就会营造和谐的班级氛围，让每一名学生在和谐中健康成长！

一、构建和谐班级文化

班主任要利用好教室的每一个空间，精心布置，使其既温馨舒适又催人进取。同时，鼓励激发学生自己动手，用才智与双手创建自己所欣赏的班级文化环境，让学生充分表现自己的美感，表现自己的创造个性，在美化环境的同时，让有限的教室空间成为无限的教育资源。比如设卫生角、争章角、图书角、红领巾角等。教师的发型、衣着，也都会无声地影响学生的个性。教师的仪表美，能提升教师的亲和力；学生的仪表美，能提升教师教学的激情。班主任从选定班级精神到一系列的主题班会，都要始终围绕"构建和谐班级"这一宗旨。所有的学生都是班主任的家人，所有的任课教师也是班主任的家人，有乐共享，有难同担，珍惜这份师生缘、同学谊。除了班会的教化和引领，班主任还可以在细微处提醒学生：同桌没来，帮他做好笔记；同学饿了，把手中的面包分他一半；老师累了，悄悄帮她擦净黑板……播种行为，收获习惯；播种习惯，收获性格。在学生的心田播种爱的思想，就会开出文明之花。

二、形成和谐班训

班训是班级规定的对学生有指导意义的词语，应该体现班主任的治班思想。班训是班级文化建设的核心要素，是班主任育人取向的明确昭示，能以强烈的感染力、巨大的震撼力浸润着学生的心灵，给人以良知，给人以品格，给人以智慧，给人以胆魄。比如有的班训是："保持平和的心态，在题海中保持清醒的头脑，不忘总结走过的每一天。"于是，一个团结的群体、一个充满活力的群体、一个不甘落后的群体、一个饱含热情的群体，就这样在班训中不知不觉诞生了。泰戈尔曾经说："天空中没有翅膀的痕迹，而我已经飞过。"学生用他们的智慧与激情掠过了自己理想中的巅峰，在那个遥远的地方用他们辛勤的双手耕种出一片属于自己的土地，这也铸就了班训的魅力。

三、建立和谐班规

班级制度是班级文化建设的保障，也只有在制度的规范下，学生才能更好地发展。那么如何建设班级的制度文化，让班级活而有序呢？

（1）强化学生的规范意识，让学生在规范中成长。班主任应该让学生知道，做任何一件事情都是有规则的，如在大街上走路要遵守交通规则，如果不遵守交通规则就容易发生交通事故。在学校里学习也要遵守学习的规则，否则学习成绩就会受到影响。

（2）建立切实可行的班规。班规是全班共同遵守的制度，包括文明礼仪、学习常规、考勤常规、基本规范、卫生值勤、奖惩制度等多个方面，是班级活动的行动指南。班规的制定和完善要激励每一名学生参与，广泛听取每一名学生的意见和建议，再通过民主表决确定，这样可获得学生的心理认同，从而内化成其追求的目标，才能使他们以积极的态度去执行，才能促使学生进行自主管理。在班级管理中通过讲制度、讲条例来规范学生的行为，一视同仁，营造一个平等和谐的氛围。

四、建立学生之间的和谐

没有学生之间的和谐，就没有正常的教学秩序和学习氛围。学生之间的和谐也是考验学生工作的重要指标，学生工作的最终目的是在学生中间建立和谐氛围，让他们在这种氛围中健康成才。班主任要让学生学会一些在日常学习生活中怎样与同伴正常有效交往的方式和技巧，同时随时纠正学生在处理人际关系方面所存在的一些不当行为和方式。

和谐是一个相对发展的概念，它不是没有矛盾，而是在利用矛盾、化解矛盾中促进和谐；和谐也不是没有差异，而是"和而不同"。和谐是创新中发展、差异中协调、纷繁中有序、多样化中的统一。和谐的班级人际关系能让人获得安全感和归属感，给人精神上的愉悦和满足，促进学生身心的健康，对人、对己、对社会都有正确的看法。因此，构建和谐的班级是每个班主任神圣的责任，班主任对班级和谐起着巨大的作用。

组织、指导班级活动

班级活动是教育智慧和艺术的展现，是在班主任的指导下，根据国家目标和学校培养目标，有目的、有计划地为实现班级教育目标而举行的各种教育活动。

班级活动与学科教学不同。学科教学侧重于使学生获得间接经验，提高各学科的基础理论知识和应用能力，形成科学素养；班级活动侧重于学生亲身的实践和体验，获得直接经验。由于班级活动更突出学生自己动脑、动口、动手的主观能动作用，因此班级活动有利于提高合作与交流的技能，从而完善个性，促进健全人格的形成，在班级建设中起着不可替代的作用。

一、班级活动的载体

班级活动的设计与实施，是依据教育的总目标，借助合适的载体而展开的具有教育意义的班级活动。

1. 以学生的困惑为载体

学生的困惑包括两种：一是在成长过程中的困惑，由于受市场经济的影响，相当一部分人的道德观念和道德行为有弱化的趋势，因此学生在成长中都会出现仅靠自己不能正确解决的问题；二是好奇心引发的困惑，如学生在成长中，对生活中的某些现象有好奇心，从而对其中的问题有兴趣，但又搞不清楚，不能独立解决的问题。若班主任以这些问题为载体，创设问题情境，引导学生亲历问题，使学生通过班级活动产生兴趣驱动效应，从而找到有效解决问题的途径和方法。

2. 以学生关心的热点和焦点为载体

学生关心的热点和焦点背后有着学生强烈的情感和兴趣，也承载着学生的价值取向。如果班主任靠自己敏锐的观察力发现了这些问题，并将它们当成集体活动的内容，然后因势利导，把学生的情感、态度和价值观引导到正确的方向上来，不能不说是智慧之举。

3. 以当地的资源为载体

充分利用周边的教育资源，如以当地的名胜古迹、革命遗址等为设计班级活动的载体，结合班级教育目标而有针对性地设计活动的目标和内容。

4. 以传统节日为载体

我们国家有许多传统节日，它们是班主任开展传统文化教育活动很好的载体，能使学生在亲历班级活动中加深对传统节日的理解和认识，进而增强学生的民族精神和文化素养。

总之，对班级活动的内容，班主任要审时度势，善于发现教育资源，捕捉教育契机，通过巧妙的设计来激发学生的兴趣和积极参与的热情，从而有效达成教育目标。

二、班主任在班级活动中的作用

班主任是班级工作的组织者和管理者，班主任在班级活动中要起到主导的作用，且要贯穿活动的全过程。

1. 负责设计

班主任是整个活动中的主要设计者，班级活动通常是由班主任发起，并根据教育的总目标以及班级教育的需要来确定活动的目标和内容。因此，班主任一定要清楚怎样开展活动，预测活动可能达成的目标，并注意整个活动过程的安全及保障，确保学生的生命安全。

2. 负责组织

班主任是班级活动的组织者，从头到尾要起到负责和监控的作用。因此，一定要明确几个方面的内容：目标与要求、时间与地点、内容与形式、评价方法和奖励方法。

3. 负责引导

引导实际上包含两层意思，即"引"和"导"。"引"就是"引领"之意，引领学生在整个活动过程中有良好的合作意识和发挥团队精神，同时还要培养学生对活动兴趣的稳定性，使学生始终保持饱满的热情，以顺利达到活动目标；"指导"是指学生在活动中遇到一些无法解决的问题时，指导或帮助学生解决问题，并通过活动培养学生独立思考和独立解决问题的能力。

4. 负责评价

班主任的评价对整个活动具有重要意义。评价不但要对结果进行评价，也要注重对过程的评价。班主任通过对活动的内容、形式及学生的参与程度，对学生进行科学而激励性地评价，有助于建立自信，培养创新意识，从而增强参与、合作意识，同时也有利于在以后的活动中扬长避短，提高班级活动效率。

总之，班级管理是每位班主任必须研究的课题，班级活动无疑是其中比较重要的部分，班级活动是教育智慧和艺术的展现，其开展也影响着班级的管理，班主任要充分重视活动在班级管理中的作用，推动班级管理走上良性发展的轨道，使学生获得应有的发展。

班主任走进学生心灵的艺术

心灵是智慧的发源地，是人类的灵魂所在，而学生的心灵是一方奇妙的净土，只有在他们幼小的心灵里播下健康、美好、快乐的种子，他们才可能健康、快乐地成长。班主任工作如果离开了心灵的交流，一切教育就无从谈起。没有心灵的触动，就无法真正完成教书育人的过程。因此，作为班主任，更要时时处处尊重学生、关心学生、帮助学生，走进他们的心灵世界，只有投入真挚的爱，达到心灵的沟通，才会收获感情的回报。

一、班主任是特殊形式的艺术家

由于教师所面临的教育对象千差万别，班主任所面临的教育情境千姿百态，班主任所面向的教育内容千变万化，因而班主任也成为特殊形式的艺术家，必须根据具体的教育对象、教育情境和教育内容创造出适宜的教育方法。班主任在教育中没有现成的模式可以套用，没有一成不变的方法可以照搬，需要每一位班主任用自己的聪明才智去工作。

二、对班主任工作艺术的理解

班主任工作的艺术性，就是在遵循教育学、心理学科学原理的基础上，在准确把握青少年生理、心理特点的前提下，充分发挥班主任的聪明才智，抓准教育契机，运用教育技巧，调动艺术手段，坚持巧妙疏导，生动活泼地开展德育工作，恰如其分、独具匠心地处理各种棘手的问题。

班主任工作艺术具体来讲，就是善于调动青少年的主动性和能动性，善于发动其主体作用。在班主任工作实践中，要善于变单向灌输为双向交流，变围追堵截为巧妙疏导，变一曝十寒为细水长流，变简单粗暴为精雕细刻，变急风暴雨为和风细雨，变操之过急为循序渐进，变耳提面命为拨动心弦，变生硬呆板为循循善诱，以言外之意、弦外之音代替逆耳的训斥。

三、班主任工作艺术性的实践

1. 用父母之心关爱学生

爱是教育的前提，班主任在生活中给予学生无私的关爱，学生会用敏锐的感觉接收，将之转变成学习的动力。在班主任日常管理工作过程中，关爱学生常常表现在细微之处，如关心学生的家庭、关心学生的思想动态、关心学生的疾病、关心学生的身体、关心学生的生活、关心学生的行为习惯、关心学生的心理活动……主动的关爱，给学生的心田仿佛注入一股暖流，使他们在校园里能感受到家的温暖。

有人说："老师爱自己的孩子是人，爱别人的孩子是神。"这就要求班主任调整心态，站在学生父母的角度上去主动关爱学生。每当开学的时候，有的家长送孩子来校后，总虔诚地拜托班主任，"唠叨"地叮嘱孩子；有的家长家境困难，为了孩子省吃俭用，心中藏着一丝美好的希望；有的家长还要通过电话，常常就其孩子的学习和成长，向班主任或科任教师事无巨细地问长问短，或喜或忧。他们将孩子在送进学校，静静地等待着，等待着梦想变成现实。正如陶行知所说："当家长将孩子送进学校的时候，他们不知不觉地将整个家庭也托付给了学校。"由此可见，教学责任重于泰山，关心学生是班主任义不容辞的责任！如果这样去理解学生的父母，班主任也会很自然地关爱学生、感化学生。

2. 以朋友之心理解学生

学生的心是很脆弱的，脆弱的心需要平等、尊重、理解、赏识的甘露来滋润。班主任以坦诚、磊落的胸怀去理解学生，与学生共同体会生活中的喜怒哀乐，能够帮助学生找回失去的信心，增强面对生活的勇气，强化他们自强、自爱的信念。

当学生得到班主任的理解和帮助后，学生也会用理解和宽容的心回报他，从心底接受教育，并对班主任所教学科产生知识的渴望，提高学习积极性。在充满理解的学习环境中，学生会感受到每天的日子都是新的，都是快乐的，甚至他们会觉得遇到这样的班主任是一种幸运。

3. 以表率之心引导学生

为人师表，是示范，是引导，也是融化师生隔阂的催化剂。要求学生做到的事情，班主任首先做到，这也是尊重学生和关心学生，也是正面影响学生。班主任用行为规范引导学生，当学生规范了自己的行为，班主任是不是在生活中也平等地回报了学生？当与学生一起集合时，学生排队做到了快、静、齐，班主任做到了吗？当学生在走道上轻声慢步，班主任做到了吗？当学生亲切地向班主任问好时，班主任回礼了吗？当学生按时进教室上课，班主任按时到了吗？当学生能够自觉地弯腰捡起地上的垃圾，班主任能自觉地做到吗？当学生能在校园内做到衣冠整洁，班主任能做到吗？当学生心中赞赏班主任的时候，班主任能赞赏每一名学生吗？

教育是用人格塑造人格的过程，不管在治学上还是在生活上，班主任都要为学生做出表率，言教不如身教，以自己的实际行动和高尚的人格塑造学生，可以达到潜移默化的效果。"其身正，不令而行，其身不正，虽令不从。"只有这样，学生才会接受班主任，班主任才悄悄地走进了学生的心灵。

班主任需要爱心和智慧同行

有些班主任常常会抱怨苦和累，从学生的文明礼貌到课堂纪律，从卫生习惯到学习习惯，样样都要班主任操心，一天从早忙到晚，有时效果并不显著。对于新时期的每一位班主任，要想当一名学生拥戴、家长信任、领导认可的班主任，除了有爱心，还要有智慧。

一、爱心是做好班主任工作的基础

夏丏尊先生说："教育好像掘池，有人说四方形好，有人说圆形好，改个不休。而池之所以为池，最主要的要素是水。教育上的水是什么？就是爱心。教育没有了爱心，就成了无水的池，任你四方形也罢，圆形也罢，总逃不了一个空虚。"高尔基说："爱孩子，这是母鸡也会做的事。"还有句话说："爱自己的孩子是人，爱别人的孩子是神。"班主任要教好学生，首先要爱学生，只有把学生当作自己的孩子来教，才会真正投入到教书育人的事业中去。班主任是充满爱心的职业，要做一名爱的天使，这是对每一位班主任最基本的要求。可见，班主任对学生要有爱心，这是做好工作的基础。倘若没有了这个基础，那么也只是把教育当作做一件简单的事情完成任务而已，很难得到成功感。陶行知说："你若把你的生命放在学生的生命里，把你和你的学生的生命放在大众的生命里，这才算是尽了班主任的天职。"但爱也要讲究艺术，对学生言传身教，爱而不盲目，严而不苛，民主平等，文明和谐，共同进步。

在一个集体里，总有个别需要特别关注的学生，班主任更需要对他们倾注更多的爱心和帮助，树立他们的自信心，让他们更好地融入集体生活中去。每个学生都渴望得到班主任的肯定与鼓励，那些赞赏的话语会让人精神愉悦，能成为一个人前进的动力。

二、智慧是做好班主任工作的良方

现代汉语词典中解释"智慧"就是指辨析、判断、发明创造的能力。美国著名的教育家范梅南认为，教育智慧"是一种以儿童为指向的、复杂的关心品质"，"教育智慧最具有个性色彩"。可以这样说，教育是用智慧来培育智慧的，智慧型的班主任才能培育出智慧型的学生。在21世纪的今天，做一位智慧型的班主任，是对每一个班主任提出的新的高标准要求。

很多班主任对于各项规章制度讲了又讲，可学生总会照犯不误；平时多次教导学生课上要认真听讲，可课上总有几个学生搞小动作。是不是真的是学生屡教不改呢？赏识教育专家周弘校长说："没有问题孩子，只有问题家长，只有问题老师。孩子出了问题，也许是老师或家长教育的方法不对，很多家长违背了自然规律来教育孩子，拔苗助长的见得最多。"是啊，为什么学生越来越难教了呢？作为新时期的班主任，我们是否该反思自己平日在教育学生的时候是否理解学生、懂学生，懂了又是否按照事物发展的规律，像医生一样对症下药呢？

1. 对学生多一点儿宽容、多一点儿理解

《朱永新教育文集》中说："知识并不等于智慧。知识关乎事物，智慧关乎人生；知识是理念的外化，智慧是人生的反观；知识只能看到一块石头就是一块石头，一粒沙子就是一粒沙子，智慧却能在一块石头里看到风景，在一粒沙子里发现灵魂。"而作为班主任，很多时候需要透过表面现象去寻找隐藏在学生心灵深处的东西，诸如为什么平时一向表现很好的学生今天突然在课堂上违反纪律了？这样一想、一找、一帮，是不是脸上少了一些愤怒呢？是不是对学生多了一份理解和宽容呢？高金英老师说得好，当老师要有一颗宽容的心。调皮的学生恶作剧时，是把他叫过来训斥一顿好，还是放他一马，以幽默的话语来化解好呢？答案当然是后者。既让学生感到不好意思，又让自己的心态达

到了平和。有句话说："生气就是拿别人的错误来惩罚自己。"我想说："老师发火也是拿学生的错误来折磨自己。"而学生正是处在成长的、需要教育的阶段，何不对他们宽容一点儿、理解一点儿呢？学生最喜欢什么样的老师？高金英老师说："一是幽默型的老师，二是理解学生的老师，三是知识渊博的老师。"其实，我们平时在生活中都能切身感受到，当学生得到宽容和鼓励时就会把事情做得更完美，当受到指责或训斥时，事情反而做得很糟糕。

2. 对自己多一点儿学习、多一点儿反思

教育是一种"学习"的职业，作为从事这个职业的班主任，不应当仅仅是教学生学习，而必须同时注重自身的学习。一个教人学习的人，自己却不爱学习，是难以取信于人的。学习是班主任维持其职业生命连续性的重要手段，是班主任实现其职业生命价值升华的必要通道。高金英老师在报告中说："科学技术更新5年，我们的教育知识落后50年。"知识变化的日新月异，令班主任不得不不断学习、更新知识。"问渠哪得清如许，为有源头活水来。"学习是不可忽视的"源头活水"，只有多学、持续地学，才能更新观念，才能用新鲜的血液来武装我们的头脑。

有了知识武装头脑也不够，在实践中，班主任还要不断反思，总结得失，因为面对的学生个体是不断变化的，不能用一成不变的定式去教育他们，所谓的"因材施教"也正是这个道理。班主任的反思主要是指班主任对其教育教学及其管理实践的过程和结果不断进行自我诊断与自我修正的过程，也就是通过连续地自我追问、自我剖析、自我肯定或自我否定，从而实现自我提升、自我超越、自我飞跃的过程。如果一个班主任只有实践而没有反思，那是很难有进步与发展的，更别说体现教育教学智慧了。一个要想有所成就、有所发展的班主任，就必须十分重视对自己的教育教学及其管理实践，进行持续不断地自我反思，成为上升到一定层次的、有智慧的班主任。

古人云："善歌者，使人继其声；善教者，使人继其志。"作为一名合格的班主任，需要善于根据学生的心理特点，用自己的爱心、智慧，捧出一颗心，献出一片情，才能打造出一个优秀的、和谐的、团结的班集体。

第二辑

『全』

——全面管理，全面发展

经营出自己班级的特色

学校的文化教育、思想品德以及课外活动都离不开班主任，能否把一个班级的几十名学生组织成一个坚强的集体，把他们培养成全面发展的一代新人，在一定程度上取决于班主任工作的好坏。因此，要想优化班级管理，创设符合时代气息的特色班级，班主任应做到以下几点：

一、建设自主管理型班级

（1）培养班级管理的"苗子"，把这些"苗子"依照他们的特长让他们分管班级的卫生、纪律、学习，让班干部做好各自分管的事情。同时还进行了每周班长的轮值活动，让每名学生尝试管理。一方面从中发现新"苗子"，另一方面让学生亲身体验管理的不易，做到有效地自我约束。

（2）在每个学生心中树立"自我管理"的意识。班级管理有三个层面，第一个层面"自己管理好自己"，第二个层面"班干部进行管理"，第三个层面才是"班主任出面管理"。学生在潜意识中已经形成"自我管理"的意识，因为他们知道到了第三个层面就是非常严重的情况，没有必要去触碰。

二、注重个体发展，促进整体提高

我的班级管理有个很重要的理念就是"和而不同"。49名学生就有49种完全不同的性格和成长背景，但一定要让每个学生都有各自擅长的领域，并且充分挖掘他们在这些领域的潜力，从而建立各自的自信体系。当每名学生都能在班级中发挥自己的最大价值时，我们的整体也就得到了提高。

三、狠抓习惯、及时反馈

班级管理琐碎而繁杂，要做好日常管理，就一定要帮助学生养成良好的习惯。例如做好课前准备、摆放好课桌椅、做好两操、出入校门有礼貌、放学时做好卫生整理，等等。这些不仅要靠班主任的时时监督和口头督促，还一定要有任课教师的及时反馈，这样学生才能知道"我的做法老师都看在眼里、记在心里了"。久而久之，良好的习惯才能真正养成。

四、多开展活动，重能力的培养

我对学生的期望是"成为合格的社会公民"，因此平时会开展主题班会、跳绳比赛、下棋比赛、故事演讲等，取得了良好的效果。尤其是讲故事，每天都由一名学生带来一个富有哲理的故事，由班干部主持，班主任做适当指导，学生全面参与讨论故事中蕴含了什么哲理。这些活动既锻炼了能力，又给班级带来了活力，还给学生带来了快乐和人生哲理！

五、与学生交心，与家长交心

没有交流就没有教育，没有感悟，也没有情感。我走近学生，和每一名学生成为朋友，让他们尊重我、喜欢我、理解我，并且注意抓住一切可以利用的时机与学生沟通，做好班主任工作。学生很简单，班主任喜欢他，他能感觉到并且也会喜欢上班主任。

有了学生的喜欢，与家长的沟通就会变得更加有效。家长来自社会的各个领域，不乏各种人才，他们对孩子的教育也很有经验。能赢得家长与班主任的精诚协作，发挥的参与作用是不可低估的。

总之，班主任是班级建设的设计者、组织者，是一个具有良好班风的倡导者，是学生健康成长的引路人。要想使全班学生都生气勃勃、富有个性，班主任在工作过程中就应该有创新精神，激励学生扬长避短，形成班级特色。

班规的建立与班级奖惩

一、班级常规

班级常规简称班规，通常是指学生在教室内日常生活中必须严格遵守的规矩。它是依据相关教育法律法规及班级学生的特点制定的，是《学生日常行为规范》及《中学生守则》的重要补充与强调。

有经验的班主任常常在开学之初就和全班同学共同协商制定完成班规，再印发给每名学生，使全班学生人人知晓、自觉遵守。它对学生的行为具有规范作用，不仅能使教室有良好的秩序，也能使班级的教学与学生的生活正常发展，最终形成优良的班风。

二、班规的建立

班规的建立是班级每一名学生都必须参与的大事。

对低年级学生，班规的制定通常由班主任根据学生的生活背景及道德认知情况拟好班规条文，再向学生提出来，通过共同学习、监督使学生理解并严格遵守。

对中年级学生，由于学生处于民主思想的启蒙阶段，学生也很关注与自己切身相关的事物，参与愿望较高，班主任应与学生共同拟定完成班规。

对高年级学生，可渗透班级自治管理的思想，让大家一起策划、讨论与研究，班主任在其中起着指导的作用，最终形成一套学生期望且愿意执行的班规。

三、班级的奖惩

我们很容易发现，奖惩是激励学生学习方法中最常用的一种。许多有经验的班主任常常会正确运用赏罚，使表现良好的学生因为有奖赏而继续努力，使表现不良的学生因为受到警告而不再重蹈覆辙。但同时要注意，若奖惩使用不当，则会降低学生内在的学习动机。所以说，奖惩只是一种教育的方法、手段，它本身不是目的，要慢慢使学生由依赖奖赏或处罚来约束行为进而达到内在的自动自发、发挥潜能，如此才能达到教育的效果。

奖励与惩罚是教师为了维持学生学习动机最常使用的两种方法。给予的东西无论是物质的还是精神的，凡是能使学生产生愉快感受的，或使其需要满足的，均可称之为奖赏。反之，凡给予的行为或物品能使学生产生痛苦感受的，都称之为惩罚。奖惩大致分为以下几种类型：

（1）发奖状。这种奖赏方式是班级奖赏中比较正规的一种形式，一般适合于学校较大型的考试后，为了激励教学班中成绩优秀的或进步较大的学生给予的一种精神鼓励。

（2）社会性奖赏。这种奖赏是由人与人之间的互动所产生的自然结果，它可以是口语的，也可以是肢体语言的，如赞美、点头、微笑等。

（3）活动性的奖赏。这种奖赏是指当学生表现良好时，就给他们提供参与活动的机会；若表现不好，就失去这个机会。要注意的是，活动性的奖赏物必须是学生喜欢的，这样才能起到奖赏的作用。

（4）物质性的奖赏。物质性的奖赏通常是具体的，可以直接食用或使用，这种奖赏比较适合年龄较小的学生，也可以与其他奖赏方式配合使用。

四、奖惩的原则

奖惩运用是否得当，直接影响教育的效果。运用得当，可使班主任在班级管理工作中如虎添翼；运用不当，班主任会因为班级管理而疲惫不堪。因此，要使奖惩有效发挥作用，就要遵守奖惩的原则。

（1）奖赏应该多于处罚。

（2）奖惩必须及时合理。

（3）实施奖惩必须按照事先与学生共同制定的标准。

（4）个人与团体奖惩并用。

（5）慎选奖惩方式，避免奖赏无效或副作用。

（6）惩罚之前要说明缘由。

（7）惩罚要给学生留面子。

（8）惩罚应该保持冷静，避免盛怒之下意气用事。

（9）惩罚后应该及时辅导。要注意惩罚只是一种手段，让学生改正才是目的。惩罚只能警示学生，告诉他犯了错，但事后的辅导才能积极帮助学生改正。班主任应该利用辅导深入了解学生不良行为背后的真正原因，才能根治问题行为。

（10）惩罚也是教育的一种形式，但惩罚不等于体罚。

总之，奖惩不是教育的灵丹妙药，既要灵活运用，又要遵守一定的原则，才能有效发挥作用。

五、教室的布置

教室是师生朝夕相处以及学生学习的场所，为了使教室发挥其功效，教室的布置要遵守一定的原则。

（1）整体性原则。简单地说，教师的讲桌、学生的桌椅、学生橱柜、卫生工具等都要列入整体规划，以做最好的空间安排和有效使用。

（2）需要性原则。教室的布置必须顾及学生身心发展阶段的兴趣，结合学生的年级、喜好，多参考学生的意见和建议，以满足学生的心理需求，增强班集体的凝聚力和向心力。

（3）教育性原则。教室是学生学习的场所，教室的布置必须具有教育的实用价值，使学生从布置中自然而然地学到新知或有所启发。

（4）创新性原则。教室的布置不能过于死板和传统，而应该依据教室的功能、教学目标等做创新设计，以展现独特新颖的时代风格。

（5）安全性原则。安全性是最重要的公共责任，教室内物品的陈列一定要充分考虑到安全性，以确保学生的生命安全。

（6）色彩协调性原则。布置教室所选用的色彩要符合学生的美感，力求平衡协调、让人觉得舒适、愉悦。

（7）经济性原则。教室的布置倡导节约、从简思想，充分利用现有物品，也可以发动学生进行废物利用，不但省钱，还有助于学生创新。

（8）可替换性原则。教室的布置不是固定不变的，每隔一定时期就要更换或调整。因此，每次布置教室都要全面考虑，以方便更换和调整。

班级文化建设的艺术

一、班级文化

班级文化，通常是指班级内部形成的独特的价值观、共同思想、作风和行为准则的总和。

班级文化是班级的灵魂所在，是班级生存和发展的关键。班级文化的作用体现在四个方面：教育作用、凝聚作用、约束作用、激励作用。这些作用是潜移默化的，无声地感染着学生的心灵，也规范着学生的行为。

二、班级文化建设

班级文化建设是一门隐性课程，我们把它分为四个方面。

1. 人文方面的文化建设

（1）以丰富多彩的活动为载体，让学生在各类活动中感受班级文化的氛围。如以中国传统的节日为契机，开展主题班会。

教师节——尊师重道主题班会；

端午节——弘扬民族精神主题班会；

劳动节——劳动光荣主题班会；

……

要注意在活动中培养学生学会合作、学会奉献、欣赏别人、建立自信。

（2）营造正确的舆论氛围。班主任要有意识地在教学中、与学生的沟通和交流中弘扬正气，形成积极健康向上的舆论氛围，用自己的行动树立起弘扬正气的典范。还可以通过黑板报、墙报等传承正能量，杜绝和制止歪风邪气。

（3）树学风。抄作业是一种风气，久而久之就会成为班级的一种文化。因此，对于低年级，班主任一开始就要培养班级的良好学习风貌，诚信考试，杜绝抄袭作业。自习课保持安静，培养学生独立思考、刻苦钻研的良好习惯，养成班级良好的学风。

（4）学会尊重他人，培养学生处理好人际关系。班级人际关系不仅体现在生生、师生之间，还应该体现在师师及班主任对学校各级领导的态度上。一个合格的班主任应该顾全大局，有能力协调好班级的各种人际关系，给学生做出表率，培养学生健康的人格。

2. 制度层面的文化建设

制度层面包括班规的制定、班干部的选举、评优选先的方式方法等。

（1）班规的制定。班主任要充分发扬民主，尊重学生集体的意见和建议，只有师生共同达成的规定才能得到长久而有效地执行。对于低年级，班主任要做好有效指导工作，使学生明确制定班规的意义。

（2）做好班干部的选拔工作。班干部的选拔通常有三种方式：指定、民主选举、轮流执政。

① 指定：这种方式通常针对低年级，由于同学之间、师生之间均不了解，只能根据班主任的感觉临时指定人选，待了解一段时间后再做调整。

② 民主选举：在全班同学互相了解后，以民主选举的方式产生并通过全班同学表决后正式产生班干部。

③ 轮流执政：为使全班学生都得到管理班级的锻炼机会，每隔一段时间进行轮换。但更换周期不宜太短，更换不宜太频繁，同时还要参考学生的性格特征。更换的职位主要是班长，如值周班长。

班主任一定要注意的是，无论是以哪一种形式选出来的班干部，班主任都要给予指导和培养。既要用人，又要育人。

3. 工作常规

常规要求要常抓不懈。对于低年级的初始阶段，班主任对学生的值日情况、个人卫生、头发、装束、礼仪、校服、课上课下的纪律表现等要抓紧、抓好，促使其养成习惯。

4. 物质层面的文化建设

物质层面的班级文化也叫作班级的硬文化，相对于软文化，它是一种"显性文化"，可以摸得着、看得见的环境文化。比如教室墙壁上的名言警句、英雄人物或世界名人的画像；展示学生书画艺术的书画长廊；激发学生探索未知世界的科普长廊；悬挂在教室前面的班训、班风等醒目图案和标语，等等。

一个班级是否具有教育气息，是衡量这个班级优劣的重要标准。在一个窗明几净、富有极厚文化氛围的班级中，全体学生会自发地形成一股浓郁的学习风气。同时，学生的道德情操也得到了陶冶，从而不断提升个人境界。在这样一种积极向上、温馨和睦的环境里，也会让学生产生强烈的归属感。

根据心理学的知识，班级的"硬文化"要遵循一定的原则，即力求朴素、大方，适合学生的学习，突出班级的特点。

班主任必备的德育知识

一、德育内涵

所谓的"德育"是指在教师的指导下，以学习活动、社会实践、日常生活、人际交往为基础，同经过选择的人类文化，特别是一定的道德观念、政治意识、处事准则、行为规范相互作用，经过自己的感受、判断、体验，从而生成道德品质、人生观和社会理想教育。

德育的过程就是教育者有目的地对受教育者施加教育影响，并通过受教育者的活动把一定社会的品德规范转化为受教育者个体品德的过程。在这里要注意区分以下两个概念：

品德是指个人身上那些符合一定社会要求的某种道德标准和思想政治观点的稳固特征和倾向。

道德是指一定社会或集团用来调节人与人、个人与集体之间的关系的行为规范总和。

二、德育的内容

德育是由思想教育、政治教育、道德品质教育、心理教育这四个方面组成。对哪个阶段的人实施什么教育，是根据德育目标和各年龄阶段学生身心发展的特点决定的。

（1）小学阶段：以养成良好的品德行为和文明习惯为主。

（2）初中阶段：以进行社会主义公民教育为主。

（3）高中阶段：以政治观点和世界观、人生观、价值观教育为主。

三、德育的现状及有效德育

近年来，德育的实效性问题引起全社会的广泛关注。因为传统的德育过程简单重复，结果适得其反，导致学生产生逆反心理，耗费了很多时间与精力，但收效甚微。新课程理念下的德育过程，要求班主任要充分认识到德育面临的社会环境及班主任工作的创造性和复杂性，把工作重心放在了解学生、研究学生，根据学生身心发展的规律和德育本身的规律采取行之有效、灵活多变、富有创造性的德育方法上，突出"引导"和"协作"，弘扬主体，尊重个性，实现德育过程的最优化。

四、德育原则

德育原则是根据学生身心发展的规律及德育本身的规律，使德育有效进行所必须遵守的原则。大致分为以下七个方面：

（1）理论和实际相结合的原则。

（2）正确疏导和纪律约束相结合的原则。

（3）长善救失的原则，即发扬积极因素克服消极因素的原则。

（4）尊重个性与严格要求的原则。

（5）因材施教的原则。

（6）集体教育与个别教育相结合的原则。它的意义在于德育要面向集体教育并通过集体教育每个学生，与此同时也要进行个别教育，并通过个别教育影响集体，把二者有机结合起来。

（7）教育的一致性与连续性的原则。它是指德育工作者应该对各个方面的教育加以组织和调节，使它们相互配合、互相支持、步调一致，并且有步骤、系统连续地对学生进行思想品德教育，以保持教育工作的经常性和制度化。

五、德育的途径与方法

德育的途径是指学校向学生进行德育的各种活动和工作。

（1）在学科教学中渗透思想品德教育。

（2）在课外、校外的活动中进行思想品德教育。

（3）在少先队、共青团的各类组织活动中进行思想品德教育。

（4）在各级各类的社会实践中渗透思想品德教育。

（5）充分利用班会进行每周一次的思想品德教育。

（6）在班主任的日常工作中随时随地渗透思想品德教育。

（7）在学生评价中渗透思想品德教育。

德育方法大致有六种，分别是说服教育法、榜样示范法、切身实践法、科学评价法、指导自我教育法和陶冶情操法。说服教育是最主要的教育形式，其他均为重要补充，是不可缺少的，要注意多种德育方法并举及有机结合。

班主任必备的心理学知识

一、"健康"的界定

世界卫生组织（WHO）关于健康的界定特别强调了心理健康的重要性，指明健康的基本含义在于一个人要拥有四个方面内容：良好的身体健康、良好的心理健康、良好的社会适应、良好的道德意识与行为。其中，良好的心理健康是最核心的内容，社会适应与道德意识往往包含于其中。简单地说，一个健康的人不仅要有健康的身体，更要有健康的心理。

根据世界卫生组织对心理健康的界定，心理健康状态要有以下四个指标：

（1）没有心理疾病。

（2）良好的心态和社会适应能力。

（3）完整统一的人格。

（4）心理潜能的充分发挥。

二、学校教育的任务

学校教育的根本任务是维护和促进学生的心理健康发展。学校心理健康教育的主要任务是：

（1）减少学生的心理与行为问题，帮助学生解决各种发展性的心理困惑和问题，对少数有严重心理问题和心理障碍的学生给予科学有效的咨询、辅导或转介。

（2）与家庭教育相结合，培养学生健全的人格和良好的个人心理素质。

（3）提高全体学生的心理素质，充分开发学生的潜能。

可见，对学生进行心理健康教育，促进学生心理健康发展，成为班主任的一份职责。

三、心理规律概述

1. 罗森塔尔效应

美国著名的心理学家罗森塔尔曾做过这样一个试验：他把一群小白鼠随机地分成两组：A组和B组。并且告诉A组的饲养员，这一组的老鼠非常聪明。同时又告诉B组的饲养员，这一组的老鼠智力一般。几个月后，教授对这两组的老鼠进行穿越迷宫的测试，发现A组的老鼠竟然真的比B组的老鼠聪明，它们能够先走出迷宫并找到食物。

于是罗森塔尔教授得到了启发，他想这种效应能不能也发生在人的身上呢？他来到了一所普通中学，在一个班里随便地走了一趟，然后在学生名单上圈了几个名字，告诉他们的老师说这几个学生智商很高、很聪明。过了一段时间，罗森塔尔教授又来到这所中学，奇迹发生了，那几个被他选出的学生真的成了班上的佼佼者。

为什么会出现这种现象呢？

这正是"暗示"这一神奇的魔力在发挥作用。每个人在生活中都会接受这样或那样的心理暗示，这些暗示有的是积极的，有的是消极的。如果是长期消极和不良的心理暗示，就会使学生的情绪受到影响，严重的甚至会影响其心理健康。相反，如果教育者对学生寄予厚望、积极肯定，通过期待的眼神、赞许的笑容、激励的语言来滋润学生的心田，使学生更加自尊、自爱、自信、自强，那么教育者的期望有多高，学生未来的成果就会有多大！

2. 超限效应

美国著名作家马克·吐温有一次在教堂听牧师演讲。最初，他觉得牧师讲得很好，使人感动，准备捐款。过了10分钟，牧师还没有讲完，他有些不耐烦了，决定只捐一些零钱。又过了10分钟，牧师还没有讲完，于是他决定1分钱也不捐。等到牧师终于结束了冗长的演讲开始募捐时，马克·吐温由于气愤，不仅未捐钱，还从盘子里偷了2元钱。

这种刺激过多、过强和作用时间过久而引起心理极不耐烦或反抗的心理现象，被称之为"超限效应"。

超限效应在家庭教育中时常发生。如当孩子犯错时，父母会一次、两次、三次，甚至四次、五次重复对一件事做同样的批评，使孩子从内疚不安到不耐烦乃至反感讨厌，被"逼急"了就会出现"我偏要这样"的反抗心理和行为。可见，对孩子的批评不能超过限度，应对孩子"犯一次错，只批评一次"。如果非要再次批评，那也不应简单地重复，要换个角度，换种说法。这样孩子才不会觉得同样的错误被"揪住不放"，厌烦心理、逆反心理也会随之减低。

3. 德西效应

心理学家德西曾讲述了这样一个寓言：有一群孩子在一位老人家门前嬉闹，人声鼎沸。几天过去了，老人难以忍受。于是，他出来给了每个孩子10美分，对他们说："你们让这儿变得很热闹，我觉得自己年轻了不少，这点儿钱表示谢意。"孩子们很高兴，第二天仍然来了，一如既往地嬉闹。老人再出来，给了每个孩子5美分。5美分也还可以，孩子仍然兴高采烈地走了。第三天，老人只给了每个孩子2美分。孩子们勃然大怒："一天才2美分，知不知道我们多辛苦！"他们向老人发誓，他们再也不会为他玩了！

在这个寓言中，老人的方法很简单，他将孩子们的内部动机"为自己快乐而玩"变成了外部动机"为得到美分而玩"，而他操纵着美分这个外部因素，所以也操纵了孩子们的行为。

德西效应在生活中时有显现。比如，父母经常会对孩子说："如果你这次考得100分，就奖励你100块钱。""要是你能考进前5名，就奖励你一个新玩具。"家长们也许没有想到，正是这种不当的奖励机制，将孩子的学习兴趣一点点地消减了。

在学习方面，家长应引导孩子树立远大的理想，增进孩子对学习的情感和兴趣，增加孩子对学习本身的动机，帮助孩子收获学习的乐趣。家长的奖励可以是对学习有帮助的一些东西，如书本、学习器具等，而一些与学习无关的奖励则最好不要。

4. 南风效应

"南风"效应也称"温暖"效应，源于法国作家拉·封丹写过的一则寓言：北风和南风比威力，看谁能把行人身上的大衣脱掉。北风首先来一个冷风凛凛、寒冷刺骨，结果行人为了抵御北风的侵袭，便把大衣裹得紧紧的。南风则徐徐吹动，顿时风和日丽，行人觉得春暖上身，始而解开纽扣，继而脱掉大衣，南风获得了胜利。

故事中南风之所以能达到目的，就是因为它顺应了人的内在需要。这种因启发自我反省、满足自我需要而产生的心理反应，就是"南风效应"。

由此我们可以知道，教育中采用"棍棒""恐吓"之类"北风"式教育方法是不可取的。实行温情教育，多点儿"人情味儿"式的表扬，培养学生自觉向上的积极心理，才能达到事半功倍的效果。

5. 木桶效应

"木桶"效应是指一只沿口不齐的木桶，它盛水的多少不在于木桶上那块最长的木板，而在于木桶上最短的那块木板。

一个学生学习的学科综合成绩好比一个大木桶，每一门学科成绩都是组成这个大木桶不可缺少的一块木板。学生良好学习成绩的稳定形成不能靠某几门学科成绩突出，而是应该取决于它的整体状况，特别取决于它的某些薄弱环节。因此，当发现学生的某些科目存在不足时，就应及时提醒学生，让其在这门学科上多花费一些时间，"补齐短板"。

6. 霍桑效应

美国芝加哥郊外的霍桑工厂是一个制造电话交换机的工厂，有较完善的娱乐设施、医疗制度和养老金制度等，但工人们仍然愤愤不平，生产状况很不理想。后来，心理学专家专门对其进行了一项试验，即用两年的时间找工人个别谈话两万余人次，规定在谈话过程中要耐心倾听工人对厂方的各种意见和不满。

这一谈话试验收到了意想不到的结果：霍桑工厂的产值大幅度提高。

学生在学习、成长的过程中难免有困惑或者不满，但又不能充分地表达出来。作为教育者，要尽量挤出时间与学生谈心，并且在谈的过程中耐心地引导学生尽情地说，说出自己生活、学习中的困惑，说出自己对家长、学校、老师、同学的不满。学生在"说"过之后，会有一种发泄式的满足，他们会感到轻松、舒畅。如此，他们在学习中就会更加努力，生活中就会更加自信！

7. 增减效应

人际交往中的"增减效应"是指任何人都希望对方对自己的喜欢能"不断增加"，而不是"不断减少"。比如，许多销售员就是抓住了人们的这种心理，在称物给顾客时总是先抓一小堆放在称盘里再一点点地添入，而不是先抓一大堆放在称盘里再一点点地拿出。

我们在评价学生的时候难免将他的缺点和优点都要述说一番，并常常采用"先褒后贬"的方法。其实，这是一种很不理想的评价方法。在评价学生的时候，我们不妨运用"增减效应"，比如先说学生一些无伤尊严的小毛病，然后再恰如其分地给予赞扬。

8. 蝴蝶效应

据研究，南半球一只蝴蝶偶尔扇动翅膀所带起来的微弱气流，由于其他各种因素的掺和，几星期后竟会变成席卷美国得克萨斯州的一场龙卷风！紊乱学家把这种现象称为"蝴蝶效应"，并做出了理论表述：一个极微小的起因，经过一定的时间及其他因素的参与作用，可以发展成极为巨大和复杂的影响力。

"蝴蝶效应"告诉我们，教育学生无小事。一句话的表述、一件事的处理，正确和恰当的，可能影响学生一生；错误和武断的，则可能贻误学生一生。

9. 贴标签效应

在第二次世界大战期间，美国由于兵力不足，而战争又的确需要一批军人，于是美国政府就决定组织关在监狱里的犯人上前线战斗。为此，美国政府特派了几个心理学专家对犯人进行战前的训练和动员，并随他们一起到前线作战。

训练期间，心理学专家们对他们并不过多地进行说教，而特别强调犯人们每周给自己最亲的人写一封信。信的内容由心理学家统一拟定，叙述的是犯人在狱中的表现是如何地好、如何改过自新等。专家们要求犯人们认真抄写后寄给自己最亲爱的人。三个月后，犯人们开赴前线，专家们要犯人给亲人的信中写自己是如何的服从指挥、如何的勇敢等。结果，这批犯人在战场上的表现比起正规军来毫不逊色，他们在战斗中正如信中所说的那样服从指挥、勇敢拼搏。

后来，心理学家就将这一现象称为"贴标签效应"，也叫"暗示效应"，这一心理规律在教育中有着极其重要的作用。例如，如果我们老是对着学生吼"怎么这么笨""连这么简单的题目都不会做"等，时间长了，学生可能就会真的变得很笨。

所以，教育者必须戒除嘲笑羞辱、责怪抱怨、威胁恐吓等语言，多用激励性语言，对学生多贴正向标签。

10. 登门槛效应

日常生活中常有这样一种现象：在你请求别人帮助时，如果一开始就提出较高的要求，很容易遭到拒绝；而如果你先提出较小要求，别人同意后再增加要求的分量，则更容易达到目标。这种现象被心理学家称为"登门槛效应"。

在教育中，我们也可以运用"登门槛效应"。例如，先对学生提出较低的要求，待他们按照要求做了，则予以肯定、表扬乃至奖励，然后逐渐提高要求，从而使学生乐于积极奋发向上。

掌握心理学的基本规律，有助于教育者了解和掌握学生的心理发展、变化的规律，在未来的工作过程中有效地进行教育和教学工作，同时也有助于他们形成辩证唯物主义的世界观，提高业务素质与科学管理水平。

青春期心理特点及应对策略

青春期是生长发育的高峰期，也是心理发展的重大转折期，因为身体迅速发育而强烈要求独立，又因为心理发展的相对缓慢而保持儿童似的依赖性。青春期就是在这种相互矛盾的心理状态中挣扎，难免会出现很多的心理问题，而常见的就是逆反心理。他们需要很长的一段时间，通过反复的尝试、碰撞、回视，慢慢地走向成熟。在这段时间里，需要班主任和家长用很大的耐心和开放的胸怀静观他们的表演，适当的时候给予肯定和赞扬，这对于铸就他们的自信和自尊是非常重要的。

一、青春期的心理特点

1. 情绪特点

青春期的学生情绪容易波动，而且表现为两极性，即有时心花怒放，阳光灿烂，满脸春风；有时愁眉苦脸，阴云密布，痛不欲生，甚至暴跳如雷，可以用"六月天孩子脸"来形容。父母在碰到这种情境时，千万要冷静，否则很容易与孩子发生冲突。

2. 情感特点

青春期的青少年情感由原来对亲人的挚爱之情，拓展到对同学、老师、明星、科学家和领袖人物崇敬和追随，由自爱到爱集体、爱家乡、爱人民、爱祖国、爱整个全人类。也就是说，青少年的情感充分地体现了社会性。此时，他们的道德观也发生了变化，对成功人士、名人崇拜得五体投地，对坏人坏事疾恶如仇，他们追求公平公正，一旦发现某人有私心杂念，他们就会嗤之以鼻，就因为他们在现实生活中无法妥协和容纳不同意见的人与事，所以很容易受到伤害。

3. 思维特点

思维是人的高级的心理活动。初中阶段抽象思维开始发展，他们对一般的问题，能够透过现象进行概括和总结。到了高中阶段，逻辑思维、创造性思维迅速发展，他们能够从不同角度多维、立体地考虑问题，并且通过综合、分析、推理找出本质和规律。所以在此阶段，他们好辩论，喜欢钻牛角尖，打破砂锅问到底，敢于挑战老师和家长，呈现出初生牛犊不怕虎的闯劲儿。但是，有时由于缺乏交流技巧，容易遭遇挫折。

4. 人际交往特点

处在青春期的学生，渐渐地从家庭中游离，更多地与同伴一起交流、活动，结交志趣相投的同学为知心朋友，他们无话不谈，形影不离，视友谊至高无上，甚至为朋友两肋插刀在所不惜，这些举止往往令班主任和家长很难理解。而这恰恰是典型的心理断乳表现，只是发生得太快，班主任和家长没有心理准备。如果此时的班主任和家长愈加束缚，他们离得愈远，有的甚至逃离家庭去投奔同学。同时，青春期是性心理萌芽期，表现为开始比较注意自己形象，特别是异性同学对自己的评价，也尝试与异性交往。但是在交往过程中，心理变得很复杂，一方面渴望接近对方，另一方面又很害怕别人发现。结果，交往过程神神秘秘、羞羞答答，反而显得别扭。

二、如何正确应对

青少年出现的各种变化是青春期生理、心理发展的必然结果，是青少年由不成熟向成熟转化过程中的正常表现。如果学生有类似的"问题"，作为班主任和家长应该保持平和的心态，用积极的态度、科学的知识、正确的方法引导学生。

1. 理解、接纳学生

学生出现的一系列身心变化，自己也是始料不及、难以控制的，此时特别需要班主任和父母的理解和接纳。千万不要看到学生的某些变化，或者发现学生的反常行为就大呼小叫、惊慌失措，更不要打骂训斥，横加指责。否则，只会加剧学生的逆反心理，增加与父母的隔阂。

2. 做学生的朋友

青春期学生的最大愿望就是渴望尊重、渴望独立，希望别人把他们当成大人，平等相待。这就要求班主任和家长要转变角色和教育观念，改变居高临下、命令式的单向教育为平等、探讨式的双向教育。从单纯关心学生的生活起居转变到指导学生的发展和成长，努力成为学生的良师益友。据调查，90%以上的青少年有了苦恼后不是向父母和班主任诉说，而是找朋友倾诉。那些顺利、平稳度过青春期的学生，大多具有良好的教育气氛与和谐的亲子关系。

总之，青春期的心理可以形容为疾风骤雨期，他们充满热情和抱负，但又富于理想主义，对现实缺乏了解。由于抱负和理想，使他们容易好高骛远，想入非非。但是，现实又很容易让他们心灰意冷，甚至忧心忡忡。当学生进入初中，他们就迈开了从童年走向成人的第一步，这个阶段接受的东西往往将影响他们今后一生。抓好这个阶段的教育，对于学生今后的发展至关重要。

人生规划及指导知识

一、人生要确立目标

哈佛大学有一个关于目标对人生影响的跟踪调查，调查的对象是一群智力、学历、环境等各方面都差不多的人。调查结果显示，27%的人没有目标，60%的人有较模糊的目标，10%的人有清晰而短期的目标，只有3%的人有清晰而长期的目标。25年的跟踪结果显示，有清晰而长期目标的人25年来都不曾更改过目标，他们朝着目标不懈努力，25年后几乎都成为社会各界的顶尖人士；有清晰而短期目标的人生活在社会的中上层，短期的目标不断地被达成，生活状态稳步上升；有较模糊目标的人几乎都生活在社会的中下层，他们能够安稳地生活与工作，但似乎都没什么特别的成就；没有目标的人几乎都生活在社会的最底层，25年来生活过得不如意，常常失业，靠社会救济，并常常抱怨他人、抱怨社会。可见，目标对人生有着巨大的导向性作用。选择什么样的目标，就会有什么样的成就，有什么样的人生。因此，人生要确立清晰而长远的目标，目标是行动的导航灯。

二、班主任的新职责

目前，绝大多数学生学习是为了考大学，至于走出大学校门后做什么，多数学生都没有想过。正是由于学生没有规划人生目标，也就没有为实现目标制订短期计划，自然也就没有为实现这些短期计划做扎实的功课。面对学生的这种情况，教育部2003年在《普通高中课程方案（实验）》中明确提出了"培养强健的体魄、顽强的意志，形成积极健康的生活方式和审美情趣，初步具有独立生活的能力、职业意识、创新精神和人生规划能力"的教育目标。

我们认为，高中阶段是人生重要阶段之一，是人生观、价值观形成的关键时期。每一个班主任都有责任在当好"经师"的同时更加做好"人师"，帮助学生做好人生规划的教育，这也是班主任专业化发展所面临的重要任务。

三、人生规划的概述

所谓人生规划，就是一个人根据社会发展的需要和个人发展的志向，对自己的未来发展道路做出预先的策划和设计。

高中生的人生规划是指高中生在了解自我和社会的基础上，确定未来从事职业的目标，制订计划，利用一切可以利用的资源和条件，采取必要的行动来实现自己职业目标的过程。

人生规划对于高中学生来说，主要作用是帮助他们思考自己的未来，如"我想成为怎样的人""我想要过怎样的生活""我究竟该往何处去"等，让他们有机会想象"未来的我"。让他们通过了解社会上的不同职业，在自我了解和熟悉职业的前提下，探索适合自己的人生道路。此外，高中生人生规划关注的焦点并不仅仅是帮助高中生科学合理地选择文理科及填报合适的高考志愿，而是更加关注个体对自我的了解，个体的潜能得以最大开发，生命价值和意义得以最大彰显，事业和生活的成功得以最大实现等。

四、人生规划的要素

人生规划有三个要素，它们分别是：

（1）知己，即认识自己的能力、性格、兴趣、人格特质和价值观。

（2）知彼，即了解社会及经济发展趋势、行业就业状况及未来就业机会。

（3）抉择与行动，即做决定的技巧、勇气、毅力，有计划地采取行动，落实有效管理人生规划事项。

总之，人生规划是一个实现终生目标的时间表，也是人生的导航。班主任指导学生做人生规划，其目的就在于帮助学生树立一种信念，从而使学生自觉、满怀信心地朝着这个目标前进。

集体观念的培养与辅导知识

一、集体观念的内涵

所谓的集体观念，简单地说就是大局意识、协作精神和服务精神的集中体现。

集体精神的基础是尊重个人的兴趣和成就，核心是协同合作，最高境界是全体成员的向心力、凝聚力，反映的是个体利益和整体利益的统一，进而保证组织的高效率运转。

集体的基本特征表现在四个方面：

（1）联系的纽带，是指集体赖以维系的社会关系。

（2）有共同的活动目标。集体中的成员之所以结合在一起，是为了开展既满足个人需要又有益于社会的共同活动。学校通过教学活动，一方面满足个人的需要，如学生学习知识的愿望、教师传授知识的要求等，另一方面为社会培养所需要的各种各样的人才。

（3）有集体规范，即集体成员互动和开展活动所必须遵循的准则。

（4）有集体意识，是指集体中的成员在长期共同活动和彼此交往中形成的一种关心集体存在和发展、与集体荣辱与共的思想感情，这种集体意识对集体的巩固和发展具有重要的意义。

二、集体力量的强大

在生活中，无数微小的力量组成了强大的集体：许许多多的石头堆积起来，可以变成一座巨大的高山；千千万万的青砖垒筑起来，可以砌成万里长城；蚂蚁虽小，但许多蚂蚁齐心协力也能搬动一根木头。优秀的学校和班级靠的是什么？靠的是全体师生的团结努力。集体离不开个人，个人也同样离不开集体。我们每个人只有在这个集体中才能更快、更好地健康成长和发展。因此，专业化的班主任有责任培养学生的集体观念。

三、集体心理辅导及意义

集体心理辅导是在集体的情境下进行的一种心理辅导形式，是通过集体内人际交互作用，促使个体在交往中观察、学习、体验，认识自我、探索自我，调整改善自己与他人的关系、学习态度与行为方式，以促进良好适应与发展的助人过程。

随着信息科学的高速发展，人们的生活节奏变得越来越快，所承受的心理压力也越来越大。因此，心理问题是现代社会的一个很突出且普遍存在的问题。这些客观情况要求全社会要加大对学生心理辅导的力度，尤其是加大学生集体心理辅导的力度。

但从目前我国的现状看，从事心理辅导的专业人员很少，且主要集中在医院和专门机构中，因此学校需要的心理服务明显不足。在这种情况下，作为每天伴随学生成长的班主任，应该具备一定的开展集体心理辅导的知识和技能，满足在校学生对心理咨询、辅导的需要，以作为社会心理辅导的重要补充。

培养安全意识，强化安全防护

一、学生安全数据统计

有专家指出，通过安全教育提高中小学生的自我保护能力，80%的意外伤害事故是可以避免的，因为导致悲剧发生的重要原因就是学生欠缺安全防卫知识、自我保护能力差。因此，学校应经常给学生进行安全教育，使学生树立"安全第一"的意识，强化安全防护常识。

二、教室内的安全问题

学生在教室内学习与生活，也要注意安全。主要有以下几个方面：

（1）防磕碰。大多数教室空间比较狭小，又放置了许多桌椅、卫生工具等用品，所以要教育学生不要在教室中追逐打闹，也不能做剧烈运动和游戏，以防止磕碰受伤。

（2）防滑倒。教室的地面一般比较光滑，要注意防止滑倒受伤，登高取放物品、擦玻璃时，要有安全防护措施，要在班主任的监督下进行，以防止受伤。

（3）防坠落。现在的学校绝大多数是楼房，班主任要时刻提醒学生不要将身体探出阳台或窗外，以防坠楼现象发生；也不要在楼下行走，防止高空坠物砸伤。

（4）防挤压。教室的门、窗户在开关时容易挤手，要提醒学生小心谨慎，防止意外。

（5）防火灾。教育学生不要在教室里随便玩火，更不能在教室里燃放烟花爆竹。

（6）防止意外伤害。对改锥、刀、剪子等锋利、尖锐的工具和图钉、大头针等文具，要提醒学生用后妥善保管，不能随意放在桌椅上。对学生转笔等一些不良习惯，班主任要有意识地制止，以防学生受到意外伤害。

三、课间的安全

学生在校期间，每天要上七八节课，课间活动能够起到放松、调节和适当休息的作用。但课间活动要注意以下几个问题：

（1）上下楼梯要注意左右通行，不跑不跳、不推不搡、不打不闹。

（2）活动的强度要适当，不能做剧烈运动，要防止扭伤、碰伤，同时保证上课时精力充沛、精神饱满。

（3）活动的方式要简便易行，如做操、打排球等。

四、体育课及室外活动要注意的安全

体育课及室外活动是中小学生锻炼身体、增强体质的重要课程，因此安全上要注意的事项也因训练的内容、使用的器械不同而有所区别。

（1）短跑等项目要按照规定的跑道进行，不能串跑道以免产生碰撞。特别是快到终点冲刺时，更要遵守规则，因为这时人的速度很快，精力又集中在竞技之中，思想上毫无戒备，一旦相互绊倒就可能严重受伤。

（2）跳远时必须严格按老师的指导助跑、起跳，这不仅是跳远训练的技术要领，也是保护身体安全的必要措施。

（3）在进行投掷训练时，如投铅球、铁饼、标枪等，一定要按老师的口令行动，不能有丝毫马虎。因为这些体育器材坚硬而沉重，而且有的前端有尖利的金属头，如果擅自行事就有可能造成受伤，甚至有生命危险。

（4）在进行单、双杠和跳高训练时，器材下面必须准备好厚度符合要求的垫子。因为直接跳到坚硬的地面上，会伤及腿部关节和后脑。同时，做单、双杠动作时要采取有效措施，使双手握杠时不打滑，避免从杠上摔下来。

（5）在做跳马、跳箱等跨越训练时，器材前要有跳板，器材后要有保护垫，同时要有老师和同学在器材旁站立保护。

（6）在做前后滚翻、俯卧撑、仰卧起坐等垫上运动的项目，做动作时要严肃认真，不能打闹，以免发生扭伤。

（7）参加篮球、足球等项目的训练时，要学会保护自己，不要在争抢中伤及自己或他人。

总之，自觉遵守竞赛规则不论对自己还是对他人的安全都是很重要的。

五、校外安全教育与防范

在我国，每年都会出现各种诸如交通、地震、火灾等人员伤亡事故。在这些伤亡的人群中，中小学生占了一定的比例。因此，加强校外安全教育与防范，教育学生掌握紧急情况下的逃生方法，是学校安全教育的重要内容。

全面发展与个性指导

全面发展是指人在德、智、体、美等各方面和谐地发展。随着课程改革的深入，在新的历史时期，全面发展不但包括德、智、体、美等各方面的发展，而且每一个方面又都包括知识能力、过程和方法以及情感态度与价值观的发展，是一种全方位、立体的发展。

其实，人类很早就萌芽了对完美、和谐发展的追求。直到19世纪，马克思和恩格斯才在继承和发展前人思想的基础上，首先对这一问题做了科学的历史分析，并指出人的发展与社会发展的一致性，强调人的全面发展只有在合理的社会制度下才能完全彻底地实现，认为造就全面发展的人的唯一方法是教育与生产劳动相结合。

要特别注意的是，这里的全面发展着重于全面素质中基础性部分的发展，掌握适应时代发展需要的基础知识和基本技能，为学生终身可持续发展奠定基础，这正是基础教育的根本使命。《国家中长期教育改革和发展规划纲要》明确提出："坚持全面发展，促进德育、智育、体育、美育等有机融合，提高学生综合素质，使学生成为德、智、体、美等全面发展的社会主义建设者和接班人。"可见，面向全体学生，促进学生全面发展，是实施全面素质教育的本质要求，是全面建设社会主义现代化强国的战略要求。

一、全面发展，要坚持德育为先

德育是人的灵魂。德国哲学家雅斯贝尔斯在《什么是教育》中说："教育是人的灵魂的教育，而非理智知识和认识的堆积。"在教育工作中，我们也能深刻体会到。可见，能力宛若发动机，道德就是方向盘。因此，培养人的全面发展，首先要坚持德育为先，即先做人再发展。

二、个性发展的内涵及意义

个性发展即在学生全面发展基础上的个性化发展，换句话说就是在共同性的基础上充分把学生的差异性表现出来。

由于每一个学生都有自己的最佳才能区，其最佳才能区表现在不同的方面。例如，一个学生的兴趣在绘画上，而家长却逼着他去考数学专业。又如，让一个对化学毫无兴趣的学生报考化学专业。尽管家长费尽心思，但结果常常是以失败而告终，错就错在扼杀了孩子的天赋与潜能。这也是我国学校和家庭教育的现状，即重视共同性有余，而重视差异性不足。明智的父母善于发现孩子的兴趣，并为孩子的兴趣发展创造条件。

俗话说："天生万物，各有其用。"作为班主任，我们不妨从学生的个别差异出发，帮助学生发现自己的优势，鼓励学生发展正常的兴趣和特长，使他们顺利实现自己的人生目标。

班级管理重点把握四"度"

班主任工作琐碎，学习、生活、行为等方方面面都需要班主任看在眼里、放在心里，并及时寻找有效的方法加以解决。一不注意，就有可能让学生"错上加错"，久而久之就会变成顽固不变的习惯。面对一帮还不怎么定性的小学生，班主任如何利用有效的方法，让自己的工作变得得心应手，显得尤为重要。在我16年的班主任工作中，一直在尽力把握好几个"度"，助力班级管理，取得了事半功倍的效果。

一、制度

俗话说："没有规矩，不成方圆。"班级就是一个"小国家"，如果没有一定的制度，人人就会我行我素、为所欲为。兵马未动，粮草先行。制定和解读制度的工作就如粮草，若工作未做到家，制度想要长久执行下去是不现实的。班主任每新接手一个班级，都要利用几节课的时间跟学生一起制定一套《班级管理制度》。在解读的时候，班主任经常举出具体的事例，让学生加深理解，并允许学生提出疑问。在制定班级制度的时候，要多听取学生的建议，尽量做到人人参与。只有这样才能真正体现民主，切忌班主任一人独断专行。制度应该是生动的、发展的，体现集体的智慧。制度的建立并不是一朝一夕就能形成的，不同的班级，不同的学生个体，在班级工作中不断发现问题、解决问题，不断总结完善。为了使班级管理工作有生动性、发展性，班干部的管理不能随心所欲，必须做到"有法可依"。这里的"法"就是我们的学习纪律、生活、卫生、操行等方面的"奖罚制度"。

班级管理制度不仅用来指导班主任工作，更用来规范学生的行为。班主任要根据事情的轻重程度，拟定合理的奖罚分数。例如，到校迟到1分钟扣0.1分、不尊重同学扣1分，再根据不同的扣分制定说明书。说明书可以用童话体、剧本等形式来描述事情经过，也可以发表个人对事情的看法，发泄自己的不满，提出建议和新的方法。

二、力度

有了制度，在执行的过程中还要坚持原则、把握力度。不管是谁，都要接受制度的约束和处罚，都需要使规则得到公平公正的执行，否则就失去了制度的威严。列宁说："如果没有一个能够迫使人们遵守法权规范的机构，法权也就等于零。"制度再完善却不能执行，也只是空头之文。一个班级，几十个学生，性情、兴趣、心理各不相同，为了发挥班级制度相对稳定的影响力，执行力是不可或缺的关键环节。

在制度执行的过程中，如果惩罚可以进行选择，受罚者就会"挑三拣四"，遇到立场不坚定的还要"犹豫再三"。这样的话，惩罚的注意力就会转移到惩罚的选择上去了。这样的转移一旦发生，教育惩罚也就失去了意义，管理的执行力也就大打折扣。这样一来，班级管理制度的惩戒作用就完全丢失殆尽，学生心中一旦无所忌惮，接下来班级的管理制度很快就会形同虚设。

三、温度

在班集体里，要给学生创设一片肥沃的土壤，还需要有阳光的普照、适宜的水分来滋润。班主任要引导学生奉献爱心，给予困难者以"温度"，让每个学生都能感受到集体的温暖。曾经，我所带的班上有个叫琦琦的学生，开朗活泼，学习成绩一向很好，对待同学也很热情大方，还经常把自己的学习文具送给需要的同学，同学们都很喜欢她。可是，有一段时间她像变了一个人似的：上课无精打采，作业马马虎虎，也不跟同学一起玩，下课就一个人孤零零地坐在座位上发呆。更不可思议的是，有一天她竟然以身体不舒服为由留在教室里没出操。加上这段时间琦琦的反常表现，我推测她肯定遇到了什么困难。于是我找到她，对她说："其实老师知道你并不想这么做，也许你有困难，但是同学们不知道，你说出来，大家都会帮助你的。"过了好久，她才告诉我最近发生在她身上的事情：一个月前，他父亲因为公司破产，跟母亲离婚后离家出走了，至今杳无音信。这段时间，母亲整天愁眉苦脸的，根本没心思去理睬琦琦。所以她一点儿零花钱也没有，早餐钱都是从储蓄罐里倒出来的。听了她的讲述，我主动拿出一百元，然后在班上讲了琦琦的困难，同学们立马你一元、他五元地捐钱，最后我发动全班同学成立了一个"爱心基金会"。琦琦被感动了，学习的劲头又上来了。细细想来，如果当时我不问青红皂白地训斥琦琦一通，她可能会自暴自弃，变成什么样我不敢想象，远没有用几句关心的话更能有效地解决问题。作为班主任，只要我们用心观察，找出学生行为变化的原因，发动全班学生一起帮他成长起来，就能让他感受到集体的"温度"。

四、高度

一所学校有几十个班级，如何让自己的班级显得有特色呢？当然离不开班主任占据的高度，以鲜明的特色取胜。我担任的管乐班，平时训练任务重，会占用一些自习课的时间。因此，培养学生的时间管理能力、主动学习能力显得特别重要，可以特别制定上课管理制度、训练管乐效果测评制度、课余时间管理制度等内容。

班主任工作千头万绪，要在工作中将班级文化、制度、情感相互作用，有切实可行的制度、执行到位的力度、宽容有爱的温度、特色鲜明的高度，四"度"合力，班级管理提升就指日可待。

班主任个性魅力塑造知识

事实上，能不能赢得学生的尊重和爱戴，是由班主任的学识、能力、性情、品德修养等综合素质决定的，也是班主任的个性魅力，更是班主任吸引学生的力量源泉。

时代的发展和学生身心发展的需要对班主任提出了更高的要求，因而班主任应从锻造高尚的道德情操、提升自己的人格魅力入手，树立崇高的职业理想，努力扩展专业知识，提高业务水平，真切关爱、尊重每一名学生，培养良好的心理素质等，以促使学生的人格健全发展，使其学会生活、学会做人。

一、班主任的素质要求

现代教育理念认为，一个班主任不仅仅是知识的传授者，更应是学生全面发展的促进者。但在实际工作中，社会倡导的观念和班主任自身内在的观念还存在着很大差距，班主任专业能力的不足或不适应是当前教育工作的最大障碍。北京师范大学教授庞丽娟在她主持的一项调查中发现，75%的教师存在教育能力的不足或缺乏，包括对教育内容的选择。如不知从哪些方面来教育学生、内容难易的把握、年龄的适应性；教育方法、策略的适宜性；如何根据学生的兴趣、个性来引导；如何把握教育时机；如何调整管和放的度；怎样调动学生学习的内在动机；怎样成为学生学习、活动的支持者与帮助者；如何培养学生良好的人格、人生态度，促进他们学习和交往能力的发展等。她认为，目前教师的工作重点需要两方面的帮助：一是帮助他们明确教师职业的专业内涵；二是切实帮助他们提高教育专业素养，尤其是专业教育能力。

对教师发展进行过系统研究的北京师范大学发展心理所所长申继亮认为，提高教师专业素养既是实践性课题，同时也是大的理论课题。学生创造性的培养主要在于环境的影响以及学生的人格，环境主要是由教师来创设的，人格的培养也与教师的评价有关。因此，基础教育改革的关键在于教师素质。可见，教师尤其是班主任必须走专业化发展的道路。

目前，虽然班主任的素质因社会背景、文化传统、政治经济发展不均衡等有很大差异，但作为人类知识的传递者、人类灵魂的塑造者，要具备以下基本内涵：

（1）具有广博而扎实的基础知识及丰富的教育教学知识。

（2）要有爱心，热爱教育事业，并具有一定的奉献精神。

（3）要具备一定的教育能力，懂得如何以最好的方式让学生接受教诲。

（4）要有良好的内在修养。俗话说："内在修养决定外在表现。"班主任有良好的修养，首先是一种无形的教育力量，这对班主任尤其重要。这是因为班主任的工作是以人格塑造人格的事业，只有班主任有了良好的自身修养，才能通过优雅的仪容仪表、言谈举止、高尚的品质行为等方面给学生做出表率。孟子曰："其身正，不令而行；其身不正，虽令不行。"因此，班主任应该时刻加强自身修养，通过良好的外在表现来影响和感染学生。

二、班主任的个性适应性

大量实践证明，班主任的成长过程也是个性越来越鲜明的过程。虽然都是为人师表，但不是千篇一律，而是各有各的优势和特长，因此班主任的工作具有不可替代性。这就是说，作为班主任，要学会根据自己的年龄、学识、经验、性格给自己定位。如果是年轻、性格开朗的班主任，不妨把自己定为"青春靓丽型"班主任，爱美之心人皆有之，所以很容易被学生接受。这类班主任切记不要故作深沉，把自己装扮成很有城府的样子。如果是经验不太丰富的中青年班主任，可把自己定为"进取型"班主任，主动和学生一起探讨知识，使学生感到班主任虚心好学，由此对班主任敬爱有加，从而愿意走近班主任，和班主任一同前行。如果是年龄偏大、经验丰富、学识高，则可把自己定为"学者型"班主任。这种班主任，虽然青春已逝，但要抓住自己的很多优势，尽可能发挥自己的特长，以良好的内在修养赢得学生的信赖，学生仍然尊重班主任、接近班主任、热爱班主任，视班主任为人生的向导、成功的引路人。另外，随着时间的流逝，知识也在更新，这就要求新、老班主任总要不断地学习，及时给自己充电，让自己的知识结构永远能跟上时代的步伐而不落伍。

通过以上分析不难得出，班主任的内涵有必要根据年龄和个性特征进行重塑，靠自己新的知识结构去接近学生，以自己的人格魅力去赢得学生的喜爱和尊重。

三、班主任个性魅力的重要体现

1. 享受自己的职业

班主任乐于自己的职业，才会以教书育人为崇高的职责，乐于投入、乐于奉献。职业不仅是他们谋生的手段，还从中收获乐趣和幸福的源泉，从而自愿以自己人性的美好去感染和培养学生人性的美好。这是成为班主任的首要条件。

2. 有教书育人的能力

班主任首先是任课教师，因此必须具备广博的学识，懂得教育的方法和技巧，使学生有效地掌握知识和运用知识，从而赢得学生的尊重和爱戴。除此之外，还必须有育人的能力，用自己的学识教育和影响学生，从而达到塑造灵魂的目的。这是成为班主任的基本条件。

3. 理解和宽容学生

严格要求学生，不放松常规管理，但也不是得理不饶人。相反，班主任要学会理解和宽容学生，因为学生是成长中的人，成长中出现问题在所难免，关键看班主任如何从问题中引导学生，使他们认识到自己成长中的不足，进而自觉自愿地改正缺点和错误。教育的最终目的是促进学生健康成长。因此，班主任必须站在学生的立场上思考问题，给学生以宽容和理解。只有这样才能以柔克刚、走近学生，进而找到解决问题的突破口，实施有针对性的教育。但要注意的是，宽容和理解不等同放任自流，而是教育灵活性的一种体现。

4. 尊重学生的人格

班主任爱学生，体现在尊重和信任学生上。既要严格要求学生，又要保护学生的自尊心。不仅如此，班主任还要主动帮助学生树立自尊、自信，教会学生自爱与爱他人。班主任与其他岗位的最大区别是情感的渗透和激励，"亲其师，信其道"。因此，尊重学生是有效德育的前提。

5. 有良好的心理素质

班主任的工作对象是一个班中几十个成长中的鲜活的生命个体，这就意味着每天都会有新的问题出现。因此，班主任要有充分的心理准备，不能因遇到困难就退缩，而要树立正确的挫折观，并通过自身的努力提高业务素质，保持积极乐观的心态，从而增强战胜工作中困难的信心和决心，使自己在挫折中尽快成熟起来，从容面对工作中的困难和挫折。

6. 富有幽默感

著名作家王蒙说："幽默是一种成人的智慧，一种穿透力。既包含着无可奈何，更包含着健康的希冀。"对班主任而言，妙语连珠、别具情趣，能够消除内心的紧张，化解尴尬，树立健康乐观的个人形象，从而掌控局面。因此，有幽默感是一个人智慧的外在表现，特别能彰显班主任的个性魅力。班主任有必要多阅读幽默的小品和逸闻趣事，作为"营养补给"。

7. 有良好的人格修养

人格修养在很大程度上决定一个人的个性修养，为了使受教育者的人格健全发展，班主任必须致力于塑造自身高尚的人格。首先，一个品德高尚的班主任要有正确的人生观和价值观，要不断提高个人责任感和社会责任感，能将自己的生命融于人类和民族的发展进程中，顾全大局，意志坚强。其次，班主任要有率先垂范的意识。俗话说："正人者必先正己。"因此，班主任要处处严格要求自己，凡是要求学生做到的，自己首先做到，处处为人师表，做学生健康成长的引路人。

总之，班主任的人格魅力是班主任个性魅力的核心，是班主任对学生、对事业以及自己的态度在其言行中的反映，也是班主任通过长期的教育探索而获得的独特的感染力和影响力。

第三辑

『勤』

——勤了解，勤观察，勤发现

"亲""勤"并举，尽职尽责

在教育教学中，育人比教书更重要。班级管理其实就是育人，育人必须以人为本，要眼中有人，要从小事做起，从习惯养成做起。有了好习惯，失败不容易；没有好习惯，成功不容易。人们常说，播种一种行为，收获一种习惯；播种一种习惯，收获一种个性；播种一种个性，收获一种命运。面对现在的学生，必须以养成教育为主线，以培养学生的学习能力和自我管理能力为突破口，开展教育教学活动，进行班级管理。

一、以"亲"为主，以"勤"为辅

"亲"就是班主任对学生的态度和蔼可亲。一个合格的班主任，他不会动辄发怒，而会耐心地给予教育和引导；当学生有异常表现或行为时，他能观察入微，及时地与学生谈心并帮助解决问题；当学生遭受挫折时，他能"扶"起学生，鼓励其树立坚定的意志和信心。学生只有得到班主任的爱，才会向班主任倾吐自己的真情。特别是班中的后进生，他们最容易产生自卑感，班主任若给他们更多的关心、更多的信任和更多的爱，必然会激发他们奋发向上的精神。

"勤"即工作要勤恳。班主任要带好几十个学生，就必须兢兢业业、尽职尽责，主要应做到"五勤"，即勤观察、勤动脑、勤动手、勤家访、勤谈心。勤观察指的是不论上课还是下课，都要注意观察学生细微的变化，掌握他们思想的动向，以便随时对学生进行教育，防患于未然；勤动脑指的是学生出现的问题千变万化，得根据学生的年龄、性格、同学关系、家庭状况或社会关系等各方面的因素，找出一个适合这个学生的方法，解决他所遇到的问题，使他不至于在学习和思想上掉队；勤动手指的是学生在具体工作中不会或做得不好的时候，班主任要亲自手把手地教学生，帮助他们干好每一项工作，让他们从不会到会；勤家访指的是经常和家长取得联系，可以通过电话或亲自到学生家里去，了解学生在家的表现，向家长通报学生在校的表现，这能防止学生出现意外，帮助学生更好地学习；勤谈心指的是平时多与学生交流，把学生当朋友，推心置腹地与学生谈话，谈谈自己的想法，倾听他们的意见，不断改进自己的工作方法。最后还要勤于学习现代教育理论，以适应新形势的需要。

二、抓住教育时机，促进学生发展

抓住教育学生的时机，就是要求班主任要针对学生的心理特点，选择和运用最适合的方法和手段，在最有效、最易发生作用的时间段对学生进行教育。班主任要充分利用好时间这个客观条件，当教育学生的时机未到时，要善于等待；当时机来临时，要立即抓住；当时机已过，应善于迂回并创设、捕捉另外的时机。抓住有利的教育时机，对学生进行思想政治教育，开展班级管理，往往会收到事半功倍的效果，产生良好的"时机效应"。

三、捕捉闪光点，鼓励上进

金无足赤，人无完人。再优秀的学生也难免有不足之处，不那么优秀的学生身上也有自己的优点，及时捕捉学生的闪光点，因势利导，使他们产生积极的情感，从而以点带面，促使学生全面进步。这是班主任工作至关重要的一环。在有些人看来，后进生优点很少，甚至没有优点。我不那么认为，谁说他们没有优点？他们会每天为班级开门锁门；为班级摆桌椅；主动收集同学们的矿泉水瓶，并用卖掉的钱做班费。这是发现出来的、表扬出来的。

抓住契机，鼓励上进。从心理学的角度看，一个人只要体验一次成功的欢乐，便会激起追求无休止成功的力量和信心。因此，引导学生了解自己的长处和短处，扬长避短，增强学习的信心。班主任善于捕捉闪光点，抓住契机，鼓励上进，有助于帮助学生树立自信心。

四、换一种方法与家长联系

我的学生中有一个叫汪某某，是个调皮的男孩，做题不马虎的时候太少，课上听讲也总是走神。在期末考试还有两天的时候，我发现他这天听课很认真。晚上回家，我主动和他妈妈沟通了一下，一句批评都没有，全是表扬，而且是很诚恳的表扬，并恳请家长把我的表扬告诉孩子。家长很高兴，感谢老师对孩子的关注。孩子听了出乎意料地高兴，因为他没有想到今天的表现会得到老师这么大的表扬。就在之后的两天里，他上课的时候都特别认真，计算能力也有所提高，家庭作业的进步也特别大。看来，我们把表扬作为与家长联系和沟通的一种重要方式很重要。

班主任的工作是平凡而烦琐的工作，需要在实践中探索行之有效的工作方法，使班级管理工作更上一层楼。

及时解决学习、生活问题

一、学生的问题一时解答不出来该怎么办

（1）班主任应该对学生的提问给予鼓励和支持，一定要注意保护他们的求知欲和主动思维的积极性。

（2）如属于课堂上的教学内容，班主任可发动并鼓励学生集思广益，讨论解决。如不属于课堂上的教学内容，班主任可委婉地告诉学生，课后再给解答。

（3）如果确实解答不出来，一定要真诚地告诉学生自己一时回答不上来，等课后查找有关资料，或请教一下别的老师，下节课再给学生解答。切忌不懂装懂胡乱回答，或有意岔开问题不予回答。

二、面对离异家庭的学生应该怎么办

（1）寻找机会多与他们接触，缩短师生之间的距离，了解他们的性格。

（2）给予他们更多的关爱和尊重。在课堂教学和班级的各项活动中，班主任应尽可能多地关注他们的言行以及心理变化，随时与他们谈心。

（3）鼓励他们多与其他同学交往。家庭残缺容易造成学生性格孤僻，与同龄人交往可在某种程度上填补感情空白，转移注意力。

（4）帮助他们理解父母离异的决定。每个人都有权利决定自己的生活，父母也一样。一方面要尊重父母的决定；另一方面要培养独立意识，调整好自己的生活。

三、当学生沉湎于电视或网络时应该怎么办

（1）经常跟学生交流，了解学生的思想动态、目前的需要和兴趣，引导学生处理好电视、网络和学习的关系，讲清学生过多迷恋电视和网络的危害，提高学生的自控力。

（2）培养学生的兴趣，丰富学生的课余生活，积极为学生创造条件，有意识、有选择地引导学生参加课外活动。

（3）及时和家长联系，让家长配合学校做好学生的工作，帮助学生选择有益的电视节目，帮助学生合理安排好学习、娱乐时间，养成良好的生活习惯。多关注学生的课外生活，帮助学生培养高雅的兴趣。

四、面对家庭贫困的学生应该怎么办

（1）要了解他们。既要了解家庭贫困的原因，又要了解学生的实际困难，做到心中有数。

（2）要关心他们。不仅在学习和生活上给予关心，而且要在心理上给予指导，帮助他们消除自卑心理，树立起自信心。

（3）要鼓励他们。时时处处告诫自己和同学不要歧视他们，对他们的每一点进步给予及时的肯定和表扬，树立起战胜困难的勇气。

五、面对父母在外地打工的学生应该怎么办

（1）与其父母委托的临时监护人经常取得联系，及时反馈学生在学校的表现情况，了解学生在校外的表现情况，共同担负起教育的责任。

（2）经常与学生谈心，正确把握学生的思想动向，发现有不良倾向及时帮助纠正，避免学生误入歧途。

（3）帮助学生养成学习和生活的好习惯，严抓学生的学习态度，引导学生正确的金钱观。

（4）给学生以特殊的关爱，让学生真正体会到师爱，弥补学生内心的空虚，使学生身心得到健康发展。

（5）在条件允许的情况下，把学生接到班主任家中，让学生感受到家庭的温暖。

六、当学生上课不注意听讲时应该怎么办

（1）运用暗示法，引导学生的注意力迅速回归到课堂教学中。任课教师要马上停止讲课，用目光注视不注意听讲的学生，引起其他学生的注意并提示他注意听课。或者运用提问法，针对不注意听讲的学生及时请他回答问题，牵动他的注意力回归。

也可以用动态管理法。任课教师在授课时走进学生当中，对于不注意听讲的学生，提示他注意听讲。

（2）为了避免学生注意力不集中现象发生，任课教师要注意运用目标牵动法，根据学生的个性差异，设立分层的教学目标，使学生的注意力有集中的指向性。教学设计要科学、生动、有趣、直观，通过精湛的教学艺术，牢牢吸引学生的注意力，使其精神不游离于课堂。

（3）培养学生良好的听课习惯，介绍培养注意力的方法。例如"五到"听课法，即耳听、眼看、口说、手写、脑动，加强头脑处理信息能力，培养注意力，或运用短时视角记忆法，训练注意力的集中。

七、当遇到学习有困难的学生时该怎么办

（1）在生活中、课堂上关心学生，营造关爱、帮助的班级氛围，让同学正视其弱点并平等地与其相处。

（2）依据学生自身实际，确立与之相应的学习标准，并适当、适度地予以表扬。

（3）为学生提供发言、表现的机会，把最简单的问题留给他，同时用教学语言、形体语言给予希望和鼓励。

（4）与家长及时沟通，借助家庭教育，让家庭教育与学校教育形成合力，促进学生自身发展。

八、当学生总是不完成学习任务时应该怎么办？

（1）从任课教师的角度来看，布置作业时应考虑学习任务量要适中，减轻学生的课业负担，使学生完成学习任务的时间少、内容精。在布置学生任务时侧重于创造性，符合学生的身心健康发展规律，为学生发展自身的特长创造条件。

（2）开主题班会，以多种形式对学生进行思想教育，如名人故事激励法、学习经验交流法，使学生明确教师布置学习任务的目的，使学生在经验交流中互相学习，从而养成良好的学习习惯。

（3）如果上述方法对极个别学生的教育效果不明显，教师可以进行个别教育，给他们改正错误的机会。如效果仍然不好，必要时可以和家长取得联系，共同督促学生完成学习任务。

九、当学生不独立完成作业时怎么办

（1）要让学生找到被信任的感觉，和学生无拘无束地交流和平等真诚的对话，找到问题的症结，对症下药，使学生心悦诚服地接受教育。

（2）让班主任的爱心与学生的心情产生共鸣，用班主任的宽容和理解使学生感到悔悟。

（3）对学生进行人生观的教育，使其明白"成功来自99%的勤奋加上1%的灵感"。

（4）对于缺少自强、自主意识的学生，班主任要紧跟疏导，要有不达目的不罢休的韧劲儿，同时应通过科学的教学方法引导学生探索科学的学习方法，在学习中寻求兴趣，在兴趣中成长进步。

十、当学生考试作弊时应该怎么办

（1）加强思想道德教育，特别注重正面教育、诚信教育，使学生明确考试作弊是一种不诚信的表现。帮助学生在认识上分辨是非，树立诚信为荣的观念。

（2）对成绩不理想的学生给以热情地帮助，考前对学生进行补差。班主任要找学生谈心，解除他们的心理压力，调节情绪、平衡心态、提高信心，坚决不讽刺、不挖苦。

（3）做好家长的工作。及时和家长联系，要求家长能客观地对待学生的成绩。

（4）对学生的评价要多元化，既要重视学生的成绩，也要重视学生的思想品德以及多方面潜能的发展，注重学生的创新能力和实践能力，不把考试成绩当作评价学生的唯一标准。

十一、当学生厌学时应该怎么办

（1）班主任要和学生谈心，建立学生心理档案，详细分析引发厌学的原因，采用耐心的引导法，因势利导，循循善诱，少贬多褒，动之以情，晓之以理，戒骄戒躁。

（2）与家长取得联系，了解家庭的多方面背景，和家长共同探讨，制订措施，创设引导学生学习的良好家庭氛围。

（3）与任课教师进行沟通，减轻课业负担，根据具体情况采取积极补救措施，利用学科的特点，施以积极的心理影响，消除学生的厌学情绪和行为。

（4）通过学校和班级活动、举办心理讲座等，消除学生的厌学情绪和行为，建立他们的自信心，培养他们树立远大的理想，以及正确的人生观、价值观和社会责任感。

（5）帮助学生了解社会对人才的需求标准，帮助他们明确学习目标，转变学习态度，使他们在内心深处形成动力，发自肺腑地产生对学习的需要，真正做到标本兼治才能取得较好的效果。

十二、学生经常迟到、无故旷课怎么办

（1）要做好学生的思想教育工作，了解情况。如果学生确实有实际困难而迟到的，要及时和家长取得联系，帮助解决。

（2）电话家访法。如果学生逃课，跟家长商量好，配合老师对学生进行

教育。

（3）耐心引导法。当班主任见到这个学生时，用一种关怀的语气询问其原因。如果学生说实话，应肯定他诚实的优点，并及时给他分析逃学、旷课的危害，鼓励他改正错误；如果学生说谎，不揭发他，而是关心他，比如他撒谎的理由是生病，可以给他买些药，嘘寒问暖，让他心生内疚。

（4）良知感召法。把学生旷课的时间记录下来，可以利用课余时间，如课间、中午放学、自习课或周末给他补课，把时间找回来。

十三、学生故意扰乱课堂纪律或搞恶作剧怎么办

（1）要冷静对待，用一片真心去拨动学生的心弦。教育学生要有大局观念，要自尊、自重，扰乱课堂纪律是不文明的行为，既不尊重自己也不尊重别人，害人又害己。还要教育学生学会自我克制，以免学生之间产生摩擦和冲突。为故意捣乱的学生创设改正错误的机会，共同营造团结和谐的氛围。

（2）转移注意力。在个别学生由于突然情况即将失控时，班主任要反应敏捷、果断决策，及时转移学生的注意力，采取冷处理的办法，从而巧妙地进行过渡。

（3）随机发挥。班主任利用突发事件中的某一点，或小中见大，或由此及彼，或顺藤摸瓜，引申出深刻的意义，深化教学内容，从而化解矛盾、消除影响。

不应简单地停下讲课，严厉训斥一番了事，而应根据实际情况区别对待，用教学内容中的道理说明，使之深化。或善于引导，晓以大义，以宽容的态度、渊博的学识、透彻的分析去征服学生的心。

十四、当学生打架时应该怎么办

（1）班主任要及时制止学生的打架行为，避免恶性伤害事故的发生，保护学生的安全。

（2）有针对性地对学生进行法制教育，阐明打架是不文明的行为及可能造成的严重后果。

（3）班主任要做好学生矛盾的调解工作，树立团结友爱的风气，消除隔阂。

十五、当遇到屡教不改的学生时应该怎么办

（1）应把对学生的信任、尊重、理解贯穿于广义的教育活动中，而不应拘泥于学生一时所犯的错误上，要给学生更多的关爱。

（2）要"蹲下来，和学生平等交流"，主动开发学生的潜能，通过理解去激励学生，撞击出学生自信的火花。

（3）要善解人意，靠渊博的学识来维持，靠高尚的价格魅力来升华。理解学生，不失严格要求；平等待生，不失师者的风范；赏识学生，不失谆谆教导。

（4）要调动全班学生的积极性，树立健康向上的班风，让学生之间相互学习、相互影响，消除品德和学习等方面的不良习惯。

（5）要主动进行家访，与家长一起做好学生的转化工作。

十六、当学生心理不平衡时应该怎么办

（1）要教育学生不断提高自我意识水平，正确地评价自己和别人。教育学生经常反问自己："我现在各方面表现如何？有什么优点？有什么缺点？跟以前比较哪些方面有进步？哪些方面有退步？我应该怎么办？我有决心再上一个新台阶吗？我是否应该听取父母、亲友的意见？是否应该征求老师、同学的意见？"

（2）教育学生在班级给自己寻找追赶的榜样，看到别人的长处。学生如果能经常这样想问题，心理的不平衡就会慢慢打消，能够客观地自我评价，客观地评价别人。

十七、学生遇到困难、挫折，缺乏自信怎么办

（1）要了解学生的性格、爱好、特长、家庭环境、学习态度和学习方法等，分析学生的心理状态及反应，及时发现问题。

（2）降温减压法。当学生受挫折时，班主任应用温暖的话语加以劝慰，使

对立情绪逐渐消失，进而让学生向班主任吐露真心和事情的真相。班主任再从信任和尊重学生的角度出发，在平等的基础上进行劝慰和引导，逐渐帮助学生树立积极向上的心态。

（3）审查目标法。帮助遭受挫折、缺乏自信的学生审查原目标是否切合实际，如果不切合实际或超出实际，则为其重新修订目标。家长会是帮助学生和家长重新审查目标的好机会，班主任要利用这个机会分析审查原目标，引导学生扬长避短，变压力为动力，树立自信心。

十八、当学生有逆反心理时应该怎么办

（1）平时多与学生接触，缩短师生之间的距离，了解他们的性格、喜好，分析他们的症结所在，因势利导。

（2）班主任以身作则、以理服人，处处严格要求自己，起到表率的作用，让学生对班主任产生信任感。

（3）课堂上多些微笑，多说鼓励学生的话语，主动与学生进行沟通，让学生各抒己见，发表自己的见解或主张，调动学生的积极性。

（4）处理好师生关系，增强相互理解和信任，与学生平等对话，动之以情，晓之以理。用自己的爱心换取学生的真心，用希望、激励等科学教育方法，激发学生的上进心，打开学生心灵的大门。

（5）分析学生的家庭原因，增强教育的针对性。

把问题消灭在萌芽中

班主任需要深入学生，全面了解学生，及时掌握学生的思想动态，通过日常的学习和工作等各项活动，在思想上有针对性地进行引导，帮助学生树立正确的观念，并及时、积极地把班级工作中的问题向学校反馈，把问题消灭在萌芽中。

不管做什么事，只要抓住良好的时机就能收到事半功倍的效果，班主任在批评学生时也应抓住时机。

一、早发现，早治疗

当班主任发现了学生的错误时，要及时地批评指出，把学生的缺点、问题消灭在萌芽状态。千万不能拖延，防止学生在歧途上越走越远。如果班主任没有及时处理所发现的问题，还会使学生产生一种错觉，认为老师不管，对他们放任自流。渐渐的，班主任的威信就会减弱。

二、防患于未然

这就需要班主任有一双善于发现的眼睛、一对儿懂得倾听的耳朵、一个善于分析问题的头脑，于细微处洞察班级的变化，在问题未出现前注意预防。除了让学生养成良好的习惯外，还可以减少学生之间的摩擦，最大限度地防止不良事件的发生。

三、细心源于爱

陶行知说："你的教鞭下有瓦特，你的冷眼里有牛顿，你的讥笑中有爱迪生。"泰戈尔也曾经说："不是锤的打击，而是水的载歌载舞才形成了美丽的鹅卵石。"这些话道出了师爱的重要意义。班主任应该用爱呼唤学生，用智慧启迪学生，努力寻找他们身上的闪光点，让他们绽放出耀眼的光芒。所以，班主任爱学生是没有界限、一视同仁的。用爱润物，物会感人；用爱奉献，终有收获！

明察秋毫、细致入微是班主任做好工作的助手。细心就是用心细密。做事细心就会认真周密地考虑各种问题，精益求精地把事情做好。工作中有细心就能及时发现问题，防微杜渐，避免事态扩大；工作中有细心就能全面分析问题和正确处理问题。班主任工作要细心，体现在日常工作中处处留心，做生活的有心人。只有细心注意自己的学生才能真正地了解他们，从而正确地引导他们，防微杜渐，把问题消灭在萌芽之中。

四、常读班规

班级制定的班规，不能光贴在墙上。为了使学生尽量少犯错，这些班规要定期读。对照每个学生出现的问题让学生共同发现，及时改正。通过经常熟悉这些班规，及时提醒学生，才能使学生少犯错、不犯错。

五、家校沟通

对于学生的进步，班主任应马上与家长进行沟通，让家长及时地表扬，使家校教育形成合力。

勤与任课教师沟通教学情况

班主任负有协调本班各科的教育工作以及沟通学校与家庭、社会教育之间联系的作用。苏联著名教育家马卡连柯曾指出："如果五个能力较弱的教师团结在一个集体里，受一种思想、一种原则、一种作风的鼓舞，能齐心一致地工作的话，那就比十个各随己愿、能力较强的教师要好得多。"这说明班主任在工作中应该注意协调好各方面的教育力量，调节各科教师间的关系，妥善安排好各种活动，使各科教学各得其所，维护教师集体的团结才能完成教育任务和班级建设，从而使班级工作计划的目标一致，实施中步调一致，取得整体的教育效果。

一、勤交流，做任课教师的好助手

班主任应在开学之初向本班任课教师做综合介绍，让任课教师对本班有大概的了解，帮助任课教师选好科代表，帮助其开展工作。平时班主任也应及时地、经常地与任课教师交换意见，了解学生上课的表现及学习的动向，认真听取任课教师对学生有关情况的反映和对本班工作的建议、意见。这种交流一方面能帮助班主任及时全面地掌握班级情况，更重要的是在这种交流中，班主任能用心体会任课教师在开展教学工作中遇到的困难，尽量想办法帮助解决，做好他们的助手。班主任仅仅在课堂纪律、作业的收缴等常规方面做好也还是不够的。作为任课教师，课务很繁重，有些工作比如语文课文的背诵等，班主任完全可以帮助检查，之后再反馈给任课教师。这样不仅减轻了任课教师的工作量，同时也有助于班主任更详细地掌握班级每个学生在近期的学习状态，及时调整教学策略。

二、抓薄弱，做任课教师的同盟者

对于一个班级来说，有时会由于学生对某一学科有畏难情绪，或由于对某一学科兴趣太大而精力又有限，从而影响了其他学科的学习，班主任应该积极配合任课教师想办法，做任课教师的同盟者。比如，可以通过找学生座谈等方式（前提是一定要征得任课教师的同意）寻找原因。如果是任课教师的原因，应及时反馈给任课教师；如果是学生的原因，可以通过召开主题班会等方式来调动学生的积极性，纠正学生的学习态度。

三、找亮点，做任课教师的欣赏者

林肯曾经说："每个人都喜欢被赞扬。"从心理学的角度讲，适度的褒奖能带给人良好的情绪体验，有利于发挥人的潜能和创造性，从而高效率地学习和工作。我们经常说，对学生应该实行"赏识教育"，就是因为这种做法能调动学生学习的积极性。同理也可用在任课教师身上。对于一个任课教师来说，自己的教学能得到学生的喜爱和认可，无疑是工作进步最强有力的催化剂。班主任应该用欣赏的眼光发现任课教师身上的优点和教学中的亮点，再综合学生对任课教师的一些好的评价传递给任课教师。这不仅能促进任课教师对本班学生的喜爱，也更能调动任课教师对本班教学的热情。

四、做学生与任课教师之间沟通的桥梁

由于中学生正处于青春敏感期，加之功课太紧、学业较重，在学习中有时会与任课教师产生一些矛盾。这时，班主任就应该成为两者之间沟通的桥梁，妥善处理学生与任课教师的矛盾，既要维护任课教师的威信，也要让学生心服口服。

五、牵头形成一个任课教师集体

要协调好任课教师之间的关系，就必须形成以班主任牵头的任课教师集

体。对于本班的任课教师，只有让他们形成一致的教育目标、教育要求、教育信念、教育期望，使所有任课教师具有同舟共济的理念，有全面统一的教育行为，统一对学生实施更具有针对性的教育，才能形成正向的教育合力。学生的心灵要靠任课教师的心灵来塑造，学生的集体由任课教师的集体来示范。班主任只有让班级的任课教师成为集体主义者，才能使班级学生形成明确的集体目标、良好的人际关系、统一的组织结构、健康的集体舆论和自觉的集体纪律。

六、做好教学上的协调工作

教学计划所规定的各门学科都是培养学生德智体全面发展所必需的，尤其现在要求实施素质教育，对学生的要求是全面发展。在布置作业等方面，班主任应该建立相应渠道，给任课教师及时反馈当天其他学科的具体情况，让任课教师可以根据具体情况综合考虑，以免出现过多或过少的情况。

总之，班主任和任课教师的沟通是发自内心地对任课教师的欣赏与尊重，这样才能引导学生欣赏每一位任课教师。班主任应该是一个特别容易被感动的人，被学生感动，被任课教师感动。如果用一颗善感的心跟任课教师进行交流，就会发现每一个教师都值得欣赏。

勤与家长沟通生活情况

沟通是人与人之间、人与群体之间思想与感情的传递和反馈的过程，以求达成思想一致和感情的通畅。班主任和家长都有教育好学生、管理好学生以促进学生健康成长的目的。班主任作为一个班级的领导者、管理者、组织者，更是家庭和学校紧密联系的纽带，如何做好与家长的有效沟通呢?

一、尊重家长，把家长当作朋友

作为班主任，首先要认识到和家长肩负着共同的重要责任和义务，那就是管理好孩子、教育好孩子。班主任和家长思想在上不是对立的，在与家长进行沟通的时候，要尊重家长，把他们当作自己的朋友、客人，本着互相信任、互相激励的态度来和家长沟通。班主任应真诚、客观地评价学生的表现，多一些理解，多一些宽容，多一些建议，多讲学生的优点，少一些责备，少一些指责，少一些训斥，给家长充足的面子，以取得家长的信任，与家长共同分析学生的表现，共同探讨解决问题的方法，共同处理好学生的问题，达到共同教育、共同引领、共同示范的目的。

二、理解家长，认真倾听家长的心声

学会倾听也是有效沟通的一个重要方面。在与家长沟通的时候，班主任应该站在家长的角度，认真倾听家长讲述孩子在家里的表现、家长对孩子表现的看法和家长对家庭教育的困惑。因为家长与孩子们相处的时间较长，而且现在的孩子家里和学校表现不一的也比较多，通过与家长面对面地交流能帮助班主任更多地了解孩子们的真实表现。对于家长对学校各方面的意见和建议，班主任也要认真倾听。学校教育不是万能的，要达到教育的最佳效果，一定要家校合作，通过真诚地交流，取得家长的信任和支持，从而达成教育共识。在这方面，班主任要通过家访、电话、信息、网络聊天等多种方式来和家长沟通，及时交换意见，达到交流渠道的畅通，互相理解，互相支持，保持家庭、学校教育的一致性。

三、帮助家长，共同探讨教育的方法

班主任与家长沟通要讲究说话的艺术，俗话说"良言一句三春暖，恶语伤人六月寒"，和家长交流孩子的问题时，要本着对孩子负责的态度，真诚地与家长交流。尤其在讲述孩子所犯错误的时候，要客观、实在、实事求是、语气委婉地和家长讲清问题的所在，要先找到孩子值得肯定的优点，向家长"多报喜，巧报忧"，帮助家长正确认识孩子犯的错，分析孩子犯错的原因以及纠正错误的方式、方法，帮助家长树立对孩子的信心。有的家长受教育程度不高，有的工作繁忙，有的忙着在外面务工，他们也想教育好孩子，也想让自己的孩子有出息，但很多时候在教育、管理方面显得无所适从、无能为力。此时，班主任要通过自己的努力尽量帮助家长改进不良的教育方法，真诚地帮助家长转变错误的教育观念、教育思想、教育态度和教育方法，不能对家长违反孩子心理特点的教育方法熟视无睹，必须真诚地加以指导，使家长提高教育水平。

为加强班主任与家长的有效沟通，可以采用以下方式：

1. 电话访问

班主任通过电话向家长报告学生的进步、询问学生没按时到校的原因、全面了解学生在家在校的表现等。该方式既便捷，又易于与家长的情感维系。要注意，称赞肯定时，语气要坚定；述说问题时，语气要委婉。

2. 家庭访问

对个别学生来说，特别是对一些自卑心理强、不愿与人交流的学生，家访有着独特的成效。教师、家长、学生三者沟通，既拉近了彼此的心理距离，又有利于交换意见，也有助于达成共识，商量解决问题的办法。

3. 开家长会

这是学校与家庭的集体工作方式。要创造条件请家长到学校来参观、听课、座谈，让家长了解学生在学校的学习生活环境，直接提出意见和建议，参与并指导学校工作。学校向家长汇报学校教育教学的工作情况及今后的工作计划，并向家长提出教育的具体要求，听取家长的意见，共同研究改进工作，从而协调学校教育与家庭教育的关系。

4. 网上聊天沟通

班主任与家长平时忙于各自的工作，要随时取得联系、沟通思想，另一个有效的方式是互通微信、QQ等，在你来我往中交换信息、增进了解。

学习长知识，交往也长见识。班主任与家长的沟通是一种艺术，也是一种超越知识的智慧，需要班主任结合实际，采取灵活多样的方式方法，使双方在沟通过程中达成共识、互相配合，共同做好孩子的教育工作。班主任和家长都是孩子健康成长的指导者、引导者，有着共同的目标和责任。只有班主任和家长勤于沟通、有效沟通，才能建立良好的家校关系，形成教育的合力，更好地促进孩子健康快乐地成长。

总之，只要班主任把自己对学生的爱心、耐心和责任心充分地表达给家长，让家长觉得班主任是真心实意地关心爱护孩子，所做的一切都是为了让孩子能成长为一个优秀的人，并以平常人的心态、朋友的方式与家长交谈，就一定能得到家长的理解、支持和配合。

青春期心理健康的主要表现

青春期是从童年到成年的过渡时期，在生理、心理上有许多变化，如情绪容易波动、爱慕异性、兴趣易转移等。青少年的心理是否健康，主要体现在以下七个方面：

一、乐观进取

情绪愉快表示心理健康。乐观的人对任何事物都积极进取，无论遇到什么困难都不畏惧，即使遇到不幸的事情也能很快地重新适应，而不会长期沉陷于忧愁苦闷之中。相反，多愁善感、情绪经常忧郁的人，心理上是不健康的。而且，情绪愈低，心理不健康的程度也愈重。

二、适度的反应

每个人对事物的反应速度与程度都不相同，但差别不会太大。如反应偏于极端，他的心理就不健康。如学生因考试失败而一时不悦是正常的现象，但若他为此而几天不吃饭，甚至有轻生的意念，就可能是心理不健康的。当然，对考试失败无动于衷的学生，也不是一种心理健康的表现。

三、面对现实

心理健康的人，都能面对现实。遇到困难，他们总是勇于承认现实，找出问题所在，设法解决。相反，心理不健康的人，由于不能适应环境，往往采取逃避现实的方法。这些都不能解决实际问题，只能达到自我欺骗的效果，久而久之，还会发展成病态。

四、思维合乎逻辑

心理健康的人无论做什么事都按部就班、有条不紊、专心致志，有克服困难的决心和毅力，而不是三心二意、有头无尾。他们的思维合乎逻辑，说话条理分明。

五、与别人相似

人与人之间都彼此相似。当听到月亮时，联想到太阳或星星，都是正常的反应，但若联想到死亡，就让人难以理解。这种情况出现多了，就应注意他的心理状态是否正常。如果一个人的想法、言语举止、嗜好、服饰等与别人相差太大，则他的心理可能不够健康。

六、与年龄相符

人的行为是随着身心的发育而变化的，各种年龄的人在想法、兴趣、行为上都有不同。青春期，应是精力充沛、活跃好动的。

七、善于与人相处

每个人都生活在社会中，都是社会的一个成员，不可能脱离社会而单独存在。在青春期，社交范围扩大。在交往中，互相取长补短，培养互助合作精神，丰富群体生活经验，锻炼适应他人的能力。

做好优等生的培养工作

所谓优等生，是指那些在思想品德和学习成绩方面都高于教育培养目标对该年级所提出的基本要求的学生。这些班级中的优等生常常会受到家长捧、邻居夸、老师爱、同学敬，这种得天独厚的优越地位使他们形成了独特的个性和心理特征。

一、做好优等生的心理引导

优等生在班集体中具有一定的威信，影响面较大，在与班主任的交往中扮演着与一般学生不同的角色。因此，在了解优等生个性特征的基础上，班主任可从以下几个方面做好优等生的教育工作：

1. 高标准、严要求

对优等生的教育要高标准、严要求，决不能只看到其优点，偏袒其缺点，更不能把学习成绩作为衡量优等生的唯一尺度，在"一俊遮百丑"的思想影响下放松对他们思想品德的要求。班主任应该经常提醒他们与同学友好相处，取长补短，不断向更高的目标攀登。

2. 不断激励，增强抗挫折能力

当优等生因准备不足而遇到挫折的时候，班主任应给予真诚地鼓励，使他们保持心理平衡和旺盛的斗志，引导他们在哪里跌倒就在哪里爬起来。

3. 消除嫉妒心理，培养正确的竞争意识

正因为优等生具有强烈的超越同辈群体的心理趋向，因此很有可能产生嫉妒心理。班主任要引导他们对嫉妒有一种正确的认识，并能认识到它的危害，

要寻找差距，奋起直追。班主任如果察觉到某位优等生有较强的嫉妒心理，应及时进行疏导，帮他树立正确的竞争意识，引导他的心理沿健康的轨道发展。

另外，班主任要掌握好对优等生的表扬与批评的分寸，既充分发挥他们的智慧和才干，也要在工作实践中教育他们处理好个人与集体、工作与学习、权利与义务、责任与荣誉的关系，促使他们不断进步和完善。

二、培养优等生的目标

（1）引导优等生积极主动地学习，勇敢地进行探索，在自主探索中获得新知识，解决新问题，日益提高学生的创新能力。

（2）在教学实践中，让学生在自主的创造性活动中既构建科学知识系统，又充分展开他们的思维创造能力。

（3）我们既要创造性地教，又要激发学生创造性地学，真正提高优等生的综合素质。

（4）为培养优等生自身的学习能力、创造能力和自我发展能力，创设一个广阔的空间，通过任课教师必要的启发诱导填补空缺，引导学生在思考中掌握知识，在掌握知识中发展自己的思维能力。

（5）精心设计发展理性认识的练习题，通过"开放性"练习，更有效地面向全体学生，实行全方位、多角度的训练，促进学生多层次发展。

三、培养优等生的措施

1. 处理与同学之间的关系

师生之间应以一种平等、互助、互爱的原则友好相处。对于学生，班主任要多一分关爱之心和宽容之情，要做到严格而不严厉、随和而不随便、亲切而不亲昵。只有这样才能在学生面前树立班主任的威信，从而获得学生的信赖。

2. 处理好优等生之间的关系

优等生之间是一种既竞争又合作的战略合作伙伴关系。对于优等生而言，他们之间的竞争显得尤为激烈。因此，处理优等生之间的关系，关键就是要引导优等生进行公平、友好地竞争。提高优等生对竞争的认识，使优等生认识到竞争的过程是一个互相学习、共同进步的过程。优等生要在竞争中汲取别人的长处，补自己的短处。

3. 对优等生实行点拨式教学

优等生的知识基础和理解能力相对较好，对于课堂的知识往往通过自学就能掌握。他们所缺乏的是对知识结构的整体把握，对解题技巧的熟练掌握。因此，优等生喜欢老师能够解其惑、指其路。在指导过程中，任课教师可帮助他们分析，但应当让学生自主选择做法，鼓励创新思维。

4. 鼓励优等生利用课余时间进行大量的课外阅读

优等生要有充足的发展后劲，必须要有广博的课外知识作为基础。当然，课外阅读应当以不影响课本知识的学习为前提。

5. 密切注意优等生的思想动向

关注优等生的思想动向，做好心理指导工作，及时地帮助他们度过心理危机。一方面，要提倡他们多参加体育锻炼，练就强壮的体魄，以应付日益繁重的学习任务；另一方面，要教给学生舒缓、发泄情绪的良性方法，如写日记、打球、散步等。最重要的是要不断培养优等生勇于承受失败与挫折以及面对成绩和荣誉的过硬心理，做到胜不骄败不馁。只有学生的心理承受能力强了，才能轻松地面对各种挑战，在激烈的竞争中稳定地发挥出应有的水平。

加强中间生的管理和教育

中间生是在班级中学习处于中等水平、行为表现平平的学生，在一个班级里，中等生要占半数以上，这部分学生能否成长进步，将决定着一个班集体能否进步。那么，班主任如何抓好中间生的教育呢？

一、端正对他们的看法

在班级管理教育中，班主任应当多留意班中那些平时默默无闻的学生，不要因为他们看上去安分守己而淡忘他们，要尊重和接纳他们，多了解他们，多关心他们，多鼓励他们，多给他们一些和蔼的笑容、一束信任的目光、一声温暖的问候、一个轻抚的手势，以引起学生的共鸣。

尊重与接纳学生是班主任对学生爱的体现。当班主任真正爱学生的时候，也是他对学生无限发展的可能性最相信的时候。许多学生因班主任经常关心鼓励，并对他们表现出极度的信任而突飞猛进。

二、叩开他们的心灵之门

苏联伟大教育家苏霍姆林斯基认为，班主任应当把自己的心分给每一名学生，在班主任的心中应当有每一个学生的欢乐和苦恼。班主任在平时的班级管理中应当留意这部分学生，同他们交心，叩开他们的心灵之门。

班主任得让学生喜欢上自己。学生往往先喜欢班主任，再喜欢班主任所提供的教育，接受班主任所施加的影响。这要求班主任与学生建立同理心。同理心是建立良好人际关系最重要的一个条件，也是师生之间建立良好沟通的首要条件。

在教育中，班主任对学生的同理心是开启学生内在心智世界的钥匙，是教育效能产生的前提。班主任对学生的感受、情绪、价值观和行为表现等领域的同理心将促进师生良性沟通。在具体的教育过程中，可以依照下面三个步骤：

（1）站在对方的立场设身处地去理解对方，对学生向班主任所传递的看法和感受持接纳态度。

（2）了解导致这种情形的因素。

（3）通过语言或非语言的形式，把这种为对方设身处地的理解让对方了解。

只有有了以上的认识，班主任才能做到与学生进行心与心的撞击、情与情的交流，让学生了解自己、信任自己。并通过对学生的个性、爱好、兴趣以及烦恼、困难、要求的了解，以满腔热情去关心、指导和鼓励他们，从而叩开他们的心灵之门，使他们取得思想品德、学习成绩的更大进步。

社会心理学研究表明，心事的流露（敞开心扉）一般遵循对等原则。当双方心事流露都处于基本相同的水平时，才会使双方互生好感。如果班主任先向学生敞开了自己的心灵之门，学生还有什么心事不能向班主任诉说呢？

三、因材施教，做好他们的心理疏导工作

孔子曾力倡因材施教，现代教育思想也认为教无定法。教育是多元化的，没有统一的教育样板可以让班主任照搬。在班级管理中，有效才是硬道理。对中间层次学生的管理更是如此。

中间生看起来似乎循规蹈矩，很少惹是生非，其实他们的内心世界是很不平静的，他们羡慕优等生的成绩和荣誉，也希望得到班主任和同学的信任和尊重。但是由于各种原因，他们的表现或进取心不强、安于现状，或缺乏自信、无法发挥潜能，所有这些都会给班主任的教育和管理带来困难和阻力。

因此，班主任要花大力气帮助他们消除心理障碍，具体问题具体分析，因材施教，使班级整体教育与个别教育相结合，做好心理疏导工作以促其奋发向上。班主任的责任是帮助学生了解自身的感受，帮助他们探索自己的真正问题

并自行解决，要晓之以理、动之以情、励之以意、导之以行。

四、提供机会，给他们插上腾飞的翅膀

学生的进步主要来自自身的勤奋努力，但也离不开班主任给他们提供的有利机会，班主任应当给中间生提供更多展示自己能力的机会，鼓励他们勇敢地站出来，积极参与班级管理。

分配学生一定的任务，及时表扬他们在完成任务时所表现出来的责任心和积极性，以增强其信心和勇气，进而帮助他们提升前进的目标。同时，班主任还应当争取任课教师的配合，让课堂成为中间生展示自己能力的舞台，调动他们的学习兴趣，增强他们的学习信心，提高他们的学习成绩。

总之，在一个班集体里，中间生思想进步了、成绩提高了，会促使优等生更上一层楼，也容易激发后进生赶上来，实现班级管理的整体优化。因此，班主任在进行班级管理工作时，既要"抓两头，促中间"，更要"抓中间，带两头"，形成"你追我赶"的竞争氛围，大力加强对中间生的教育和引导，不断培养和发展学生良好健康的思想品德和刻苦努力的学习态度，帮助学生积极向上、健康成长。

做好后进生的转化工作

班主任以身作则、率先垂范对学生具有很强的感染力、说服力，特别对后进生有鞭策、感化的作用，对学生的身体健康和良好班风的形成起着至关重要的作用。班级里最棘手的问题就是对后进生的转化问题，教育好这些学生，不仅是管理好班级的关键，而且是学校教育工作的重要内容，更是实施素质教育的核心。

一、对后进生现象的认识

1. 通常观念上的后进生

所谓的后进生，通常是指行为表现不佳、学习成绩偏差、进步比较困难的学生，他们是一所学校和一个班集体中客观存在的特殊群体。在全面推进素质教育、创建人文和谐社会的大背景下，如果仍然用不变的旧眼光去看待后进生，则会产生错误的认识，导致荒谬的行为结果。后进生从何而来？说到底，是以考分评价学生，把学生划分成优、及格、差三等。这种以考试成绩为尺度简单地把学生分等之举，既不合理，更不人道。古人云："天下之大，千品万类，六行八道，率各有所长，岂能千人一技乎？"每名学生因受遗传因素、生活环境等的影响，兴趣、爱好各不相同，优劣表现不一。

2. 正确认识后进生

后进生固然在学习成绩上不如其他学生，但总有优秀的地方，只要我们用正确的观点看他们，从适当的角度去了解和培养他们，他们同样能为社会做贡献。参天大树固然令人仰慕，难道芊芊碧草就不可爱吗？用不同的眼光去看待后进生，用不同的目标去要求后进生，用不同的方法去引导后进生，则无后进生。所以，后进生在某种程度上是教育者蓄意制造的另类。

二、造成后进生形成的因素

1. 学校因素

（1）对教育对象不能一视同仁、平等对待，教学上只注重优等生，对后进生不闻不问、放任自流。这样，本有进取心的后进生将失去进取的信心，甚至产生故意的对抗心态。"没有爱就没有教育"，班主任不把爱的阳光洒向这些最需要的学生，他们怎能茁壮成长呢？

（2）班主任与学生关系不融洽，学生因畏惧而疏远，既远离了学习和纪律，更远离了正常的成长轨迹。

2. 家庭因素

（1）部分家长对孩子的行为表现和学习成绩漠不关心，孩子学不学、成绩好不好全无所谓，甚至有的家庭把教育孩子的问题全部推给学校，而没有尽家庭在孩子成长中的教育责任，使教育出现了较大的空档。

（2）农村地区的家长大多出门打工，常年在外，对孩子的学习无精力过问，学生缺乏家庭的关爱和教育。

（3）有些家长文化素质不高，无法辅导孩子。

（4）部分家长对孩子过分溺爱，尤其是独生子女家庭，生活上无微不至，学习则要求不高，对孩子在校犯的错误包容放纵，致使学校与家庭教育脱节以至于相冲突。

（5）父母离异，孩子失去温暖，无人照拂，对生活掺杂了许多不应有的观念和想法。

3. 社会因素

（1）社会上的不良风气，如赌博、浪费等都会使学生受到潜移默化的影响。

（2）社会上的非法书刊、录像带、网络等坏作用也不小。青少年学生好奇心强，模仿心重，看了那些带有刀枪、棍棒的录像等，或误出入黑网、暴力网之后，就想亲身尝试一下，结果一试就步入歧途。

4. 自身因素

（1）如学生有学习习惯不好、意志薄弱、自制力差、学习兴趣低、注意力分散、心理素质不好、情绪不稳定等情况，都属于非智力因素的范畴。

（2）学习目标不明确或无学习目标，缺乏必要的是非观，缺少吃苦精神，甚至抱有破罐子破摔的心态。

（3）学习动机不稳定，常常被其他诱因所左右。

（4）学习兴趣不持久，特别是缺乏学习中的潜在兴趣。

三、转化后进生的策略

怎样才能找出后进生的转化之策呢？要根据后进生的形成原因对症下药，才能遏止和减少后进生的形成，做到有的放矢。

（1）以情动情、以诚相待。是指教师应紧紧围绕着对后进生的情感展开工作，以真情打动他们的心灵，让他们感受到班主任是真心实意地帮助、关心和爱护他们。

（2）保护自尊，施行优先。学生在学校学习生活中屡遭失败是造成学生自暴自弃、不求进取的主要原因。要排除学生的自卑心态，就应在平时的学习、课余活动中给学生创设成功的机会，体验成功的喜悦，激发内在的积极因素，向成功的目标努力，进而不断提高兴趣，增强其自信心。

（3）从生活上关心他们。有过错的学生由于担心受到严厉的指责和嘲笑，常常主观地认为任何人都会轻视、厌弃甚至"迫害"他。为消除他们的心理障碍，要注意在日常生活中关心他们、信任他们。

（4）注重学法指导、全面转化。在注重思想品德教育的同时，学习方法的针对性指导更不能忽视。从学习的角度来讲，学习态度和学习基础是影响后进生学习成绩落后的成因，而学习方法不正确几乎是所有后进生普遍存在的问题。因此，教给他们正确的学习方法，就像交给他们一把开启知识宝库的金钥匙，让他们带着乐趣与好奇打开知识的大门，获得掌握知识的主动权，消除想学而学不会的自卑感，树立其信心，从而使他们的学习有较明显的进步，自然而然地带动其他方面的进步，达到全面转化的目的。

总之，每一位后进生都是具有独特个性的个体，同时又是班集体中的一员，因而做好后进生的转化是一项长期、艰苦、细致的工作。只有做好这项工作，才能使每名学生都得到健康全面的发展。做好这项工作，是班主任应尽的义务，也是搞好班级管理、提高教学质量的一项极其重要的措施。

第四辑

『细』

——详细沟通，精细处理

班主任对青春期学生心理的探究

一、青春期心理评析

生理学家、心理学家对于青春期的生理、心理变化都有过许多研究。心理学家斯朗认为，当个体进入青春期以后，其心理变化为"自我发现""产生对未来生活的设想""开始逐步跨入生活的各个领域"。因此，他把青春期称为"人生的第二次诞生"。

心理学家霍林活斯认为，青春期到来之后的生理、心理变化相似于幼儿的断乳现象，幼儿断乳意味着与母亲身体的完全脱离联系。由于急剧而彻底地断绝母乳喂养，幼儿陷入欲求而得不到满足的，从而给幼儿带来深刻的不安。这是人生的"第一次危机"。幼儿进入青春期，意味着要从心理上摆脱对双亲的依赖。这种急剧而彻底的心理性"断乳"，也同样会给他们带来突如其来的一时不安，产生情绪上的激动和动乱，这便是人生的"第二次危机"。经过"第二次危机"之后，人们就可以逐渐步入脱离父母的监护，走向一个独立、完整人的过程。因此，他把青春期称为人生的"第二次危机"。

心理学家汤姆利兹认为，儿童期是"外界的获得时代"，而青春期则是"内部的获得时代"。由于性本能的启动，使个体逐渐地将注意力转向自己的内部。青春初期，他们常常会因自己不能掌握这种变化而烦恼，昔日儿童时期平静的心田被搅乱了而陷入以反抗、冷淡、横蛮、怠慢、多变等表现为特征的否定与不安情绪之中。他们不仅对外界，就是对自己也都采取了"否定"的态度。因此，他把青春期称为"否定期"或"反抗期"。

心理学家霍尔认为，到了青春期，人的"身体与心理跟以前相比大为不同，而发展的趋势是跳跃而来的。他们对于社会的义务感和新的爱情生活，忽然惊醒"，"他们既不了解世界，又不了解本身生理的发展所引起的心理变化"。因此，他把青春期称为"危机时期"。而心理学家盖脱则称为"暴风骤雨时期"，心理学家弋特又称为"疾风怒涛时期"。

心理学家律留宏认为，青春期是"从他律向自律发展的转变期"，也是"人生的十字路口"时期。

总之，青春期是身心各方面发生很大变化的时期，也是精力与兴趣广泛、对人生充满幻想的时期。在生理上，身体迅速发育成熟；在心理上，则是精神逐渐觉醒。这种身心的时差带来了急剧而复杂、广泛而深刻的心理矛盾和心理动荡，因而是人生的最关键的转折时期。

二、青春期心理实质

心理学认为，人的大脑是人的高级部位，是心理活动的主要器官和物质基础。青春期是一个人大脑从生长发育走向日趋成熟的时期。结构上的成熟，也就保证了功能作用的发挥，从而才有青春期心理活动的复杂多样。心理学研究表明，脑虽然如此重要，但是单有大脑本身还不能产生心理，因为人脑的条件反射总是在外界的刺激作用下才能形成，人的暂时神经联系是按照现实事物之间的关系建立起来或得到改变的。也就是说，人脑只有在客观现实的作用下才能产生心理。所以，人的心理是客观现实在人脑中的主观印象。

所谓意识，是人脑对客观事物的自觉反映，是人类社会实践中所表现出来的按照自己的需要，有目的、有计划地去利用自然、改变自然和支配自然的独有的行为表现，是最高形态的心理。人脑对客观现实的反映，并不是像镜子照物那样机械地映照。人对于当前客观现实的反映，都是与长期实践中所形成的知识领域、道德水准与个性特点等方面相联系的，都是同当时的生理状态与心理状态相联系的。因而，不同的人（或同一人在不同的时间）对同一外界事物的反映也不相同。处在不同文化环境中的人，由于立场、观点不同，对客观存在的社会现象也会产生不同的理解。由此可见，人的心理由其外部条件状况和个体成熟程度所决定或制约。客观现实是心理的源泉。对个人来讲，客观现实包括自然环境和社会生活，而社会生活是对人的心理有着决定性意义的影响。20世纪，印度发现的"狼孩"回到人类社会后，虽然经过精心教育，但是智力低下，就是一个明证。

总之，青春期心理实质就是发育成熟时人脑的机能，是客观现实的反映。

三、青春期心理特征

1. 身心发展时差错位

在青春期，生理发育迅速成熟，而心理发育则相对迟缓，从而造成人的心理成熟水平、社会阅历积累与急剧的生理成熟不相适应，出现了心理年龄与生理年龄相脱离的现象，从而会产生许多心理矛盾，如个人要求与依赖关系、自我设计与师长要求、理想目标与现实可能、个人消费与经济能力、性爱意识与社会行为，这种主观上欲求与客观上可能的心理矛盾，引起了他们内心的烦恼与不安。因此，青春期容易产生心理不平衡和身心功能障碍。

2. 智力发展迅猛活跃

所谓智力，一般说来是指人的心理特征，包括观察、记忆、思维、想象以及创造性地解决问题的能力。众所周知，人总是在年轻的时期最有活力。不少事实证明，有很多人在他们未成年时会迸发出智慧的火花，而成年之后却反而表现平平了。这说明，青春期在一个人智力发展中有着极其重要的地位。由于青春期的思维发生了质变——抽象逻辑思维开始占主要地位，也必然会影响和制约其他心理现象发生质的变化。

3. 情绪发展强烈多变

心理学认为，人的需要是否得到满足会引起对事物的好恶态度，从而产生肯定或否定的情绪体验。我国古人称之为人有喜、怒、哀、惧、爱、恶、欲七种情绪。心理学研究表明，人的情绪虽与人体的生理唤醒状态有着密切的关系，但也受社会生活影响，受人的认知过程的特点制约。青春期情绪发展的特征是易于波动并潜藏不安，表现为寂寞与孤独、忧虑与不安以及苦闷与忧郁，憧憬未来并富于幻想，情绪多样并反应强烈。可以认为，人到了青春期，既像一轮冉冉升起的朝阳，充满无限的生命力，又像一艘航行在变幻莫测大海里的航船，随时都有遭到风暴袭击的危险。这种难以驾驭的情绪和由于生理上的迅速发展变化所带来的郁闷心情，就构成了青春期男女情绪和情感的典型特征。

4. 个性发展可变可塑

所谓个性，是指个人稳定的心理特征（包括气质、性格、兴趣、能力等）的总和，也就是平常所说的一个人的精神面貌。心理学认为，在青春期，自我评价和社会评价对形成独特的个性起着重大的作用。青春期的个性特征表现为认同感逐渐扩大、价值取向开始形成、闭锁心理开始出现、兴趣范围逐渐扩大、评价能力不断发展、行为方式发生变化。

5. 自我发展突出高涨

人的自我发展受到自我意识的影响与制约。而自我意识则是人们对人生、对自己逐渐形成一定形式的自我价值观、自我认识能力，能按照自己的需要不断探求人生道路和选择自己的发展方向，具体表现为企图或要求摆脱父母和教师的管束，自行其事；不承认自己是小孩，要求长者平等相待，希望父母和教师充分理解和尊重他们的人格。总之，到了青春期，人们开始注视自我、关心自我、发现自我、突出自我、独立自我。

6. 交际发展自主自锁

在青春期，交际范围逐渐扩大。由于自我意识的增强、自我价值观的逐步形成，他们开始按照自己的价值观来评判与自己交往的人，选择与自己投合的朋友，且常常会排斥旁人的议论、影响与干预。因此带有明显的自主性、自锁性。一般说来，青春期的交际发展中，起作用的是兴趣相同、性情相投、思想共鸣、甘苦共享等思想感情因素。

7. 理想发展起伏不定

所谓理想，是指有实现可能性地对未来事物的想象和希望。富于幻想、探索人生、憧憬未来是青春期的心理特征之一。他们渴望走向社会，确立个人和社会的理想，勇于开拓创新，敢于冲锋陷阵。理想受到人生的制约。理想的产生有赖于个人生理的成熟、社会的要求和个人认识水平的发展这三个基本条件。生理是一种前提条件，后两者才是有决定意识意义的因素。在青春期，由于他们的认识水平不高，对社会要求的理解比较粗浅，加上情感不够稳定，意志力比较薄弱，因而他们的理想往往带有更多的一时冲动与情境激励，个人色彩较浓，起伏波动较大，容易受境遇影响而变化不定。

掌握与学生个别沟通的技巧

与学生个别谈话，是班主任开展学生思想工作的一项经常性工作，也是班主任的一项基本功。要想取得理想的效果，必须掌握一定的谈话技巧，讲究谈话的艺术性。这有助于及时排除学生的心理障碍，培养他们良好的心理素质，提高谈话的质量和效率，融洽师生关系。

一、把握谈话的最佳时机

与学生个别交谈，特别是对学生进行思想教育，抓住时机是很重要的。比如，当学生遇到困难或受到伤害时，心理上特别需要别人的帮助和理解，班主任要抓住机会，帮助学生找出解决问题的办法或给他以心灵的慰藉和思想上的启迪，学生就会感到班主任的可亲可信。当学生取得成绩或有进步时，班主任一定要给学生以肯定和表扬，给学生以激励。只有抓住类似这样的时机和学生交谈，才能给学生留下深刻的印象，取得比平时好得多的结果。

二、掌握学生的性格特点

哲学家莱布尼茨说过，世界上没有两片完全相同的树叶。学生的性格也是各不相同的，与学生个别谈话，尤其是进行批评教育时要考虑到不同学生的性格，掌握好批评的方式和尺度。对于性格开朗的学生不妨开门见山，直陈其事；对于性格内向的学生则必须慢慢诱导，点拨启发；对于成熟稳健的学生可以商量探讨，分析研究。如果只顾个人感受，不了解学生的性格，那么即使有莲花般的妙舌，也无法成功地对学生进行说服教育。因此，只有充分地掌握学生的性格，才能在与学生个别谈话时因人而异、因事而异，获得成功。

三、创设和谐的谈话氛围

班主任的威严源于在学生无限宽广的心灵领域中的耕耘播种，春风化雨。因此，班主任在与学生个别谈话时一定要努力创设良好的谈话情境，营造一种和谐的谈话氛围。班主任不妨在自己的办公桌旁放张椅子让学生坐下来谈话，班主任与其谈心、拉家常、问原因、讲道理，动之以情、晓之以理。这样，由于谈话气氛的改变，学生感受到了班主任的尊重和爱护，也容易对班主任讲实话，并心悦诚服地接受班主任的批评教育，师生之间的感情桥梁也随之建立起来了。

四、以诚相待，认真倾听

与学生个别谈话，解决学生的思想问题，首先必须对学生以诚相待、施之以爱，这是谈话得以顺利进行的基础。谈话时应能从班主任的口语中体现对学生的关心和爱护，这样才能使学生听得进去，达到谈话的目的。同时，谈话时要注意尊重学生，以平等的身份沟通，只有这样才能听得到学生的真话。要反对盛气凌人，以教训的口吻沟通，反对讲大话、套话，甚至讲假话的方法，否则难以达到个别谈话的目的。有些班主任和学生的交谈之所以失败，都是因为说话太多，而很少听取学生的意见，使学生对其产生了逆反心理。如果想要得到学生的认可、赞同，班主任应该让对方多开口；而自己则可以注视着对方的眼睛真诚地倾听，甚至可以适当地随声附和以表示赞同。善听者比健谈者更容易受到欢迎和接纳，因此，学会倾听不仅是一种能使别人知无不言、言无不尽的有效妙策，而且是一种得人敬仰的简易方法。

五、停止廉价的表扬

赏识教育作为一种教育思想，对培养学生的自信心和创新能力具有重要意义。然而，现实教育活动中普遍存在的廉价赏识现象却十分令人担忧。例如，有些班主任在与学生谈话时总喜欢使用"很好""正确"之类的词语，甚至还不忘竖起大拇指道一声："你真棒!"这种做法似乎很有新意，好像既能培养学生的自信心，又能培养赏识他人的好品质。然而，事实并非如此。西方心理学家通过研究表明，"很好""正确""你真棒"这类词语常常会促使学生寻找某类能得到班主任好评的想法和答案，而并不去真正思考问题本身，这就会形成一种错误导向，阻碍学生独立地、多角度地思考问题。因此，班主任与学生进行个别谈话时不能过分依赖廉价的赞扬，而要从评判者的位置走近学生，努力营造一种师生对话的平等民主的气氛。只有这样才能鼓励学生独立思考，发表个人意见，师生之间的谈话才有了实实在在的意义。这时候，如果学生确有真知灼见，班主任何尝不能真诚地道一声"你真棒"？

六、谈话要适度

要考虑到教育的对象是学生，进行教育时要注意"分寸""火候"，谈话要适度。这里的"度"是因人、因时而异的，只有掌握适度才能达到既能接受又能转化他们思想的目的。

七、求同存异，以达目的

在谈话的过程中，班主任可以尽量地找一些师生彼此意见相同的地方，特别是学生具有的长处。这样做可以缩短师生在心理上的距离，便于学生接受班主任的意见。对于暂时还很难解决的问题，班主任可以暂时避而不谈。要反对吹毛求疵的做法，否则只能挫伤学生的积极性，拉大师生的距离，甚至引起学生的逆反心理。

八、注意谈话的艺术

与学生进行个别谈话，同其他教学活动一样，也是一个艺术性问题。讲究艺术能使学生心悦诚服，收到事半功倍之效。与学生进行个别谈话。作为班主任应该具备起码的教育学、心理学、哲学、逻辑、历史等知识，应该懂点儿文，也应该懂点儿理，知识面宽一点儿，这样才能使学生心服口服。应该善于发现好的苗头及时扶持、大力提倡，发现不良现象及时消除在萌芽状态。还要注意一般和重点相结合，注意分析总结，多观察，多记载，不断地总结经验，不断提高谈话的艺术水平。

总之，学生正处于身心发展时期，对事物的认识往往片面肤浅，思想活跃，心理多变。班主任与学生的个别谈话一定要从爱出发，洞察入微，才能润物无声，取得良好的效果。

提高与班集体互动沟通的能力

班主任工作管理中若没有沟通，就谈不上管理，不懂沟通也就是不懂管理。作为班主任，跟学生的接触尤为密切，班主任要关注学生的学习、交往、生活等各个方面。如果沟通不当，师生间的矛盾就会加大。因此，我们从几个方面来增强班主任对沟通的认识以及能力的培养。

一、创建和谐之地，师生互动发展

在班级管理中，尤其要注重学生在认知能力、道德风貌和精神力量等方面的和谐发展，培养学生健康的科学理念，珍视学生的创新能力和人文素养，提升师生交流，推进师生个体精神生命的相互创造与互相发展。

1. 班级成为学生个体展示的舞台

班级是一种不可替代的教育资源，是学生成长最直接、最有影响力的课堂。最有效的教育方法不是说教，而是形成使人向上、向善的积极氛围。风气是无形的力量，能引导人、陶冶人、教化人，塑造美好的人格。学生通过集体的共同学习与生活养成行为规范，积累社会经验，逐步培养个人在集体中的角色意识、责任意识、平等意识、合作意识和竞争意识。班级可以成为学生个体展示的舞台，学生在班级的各种教育活动中不断提高综合素质，为今后转换社会角色打下良好的基础。教育目标中重要的一点就是使学生由"自然人"逐步成为"社会人"。

2. 让班级成为学生形成健全人格的主阵地

（1）以人格魅力影响学生。为师者首先是为人者，一个师德高尚、知识渊博、教育教学经验丰富、责任心强的老师，会把自己的精神融入教育事业中，与事业一起成长、成功，与学生一起提高、升华，因而给学生留下深刻的印象和人格榜样。作为班主任，我努力使自己成为一名值得学生尊敬、信赖与欢迎的老师，成为一名学生认可的、保持着一颗童心的朋友。亲其师而信其道，尊其师而奉其教，敬其师而效其行，这就是教育的逻辑。

（2）以班级的主题教育活动影响学生。内容丰富的主题活动往往能将抽象的道理、空洞的说教具体化、形象化、生动化，活动的过程其实就是教育的过程。任何班级都有形成积极班级精神的潜能，任何学生都有通过教育获得积极发展的需求。班主任要充分调动学生的积极性，组织开展丰富多彩的班级活动，充实学生的学习生活，丰富学生的精神世界。按照学校的计划，班组开展了一系列主题教育活动。在活动中，我充分尊重学生的主体地位，放手让学生大胆设想、安排，自己则以合作者的身份与他们共同商讨，提出参考意见，不过分干预，不把自己的想法强加于学生，由学生自己总结活动的得失。通过活动，学生的才能得到了展示，交往的品质、活动的能力得到了提高，积极进取、团结协作、顽强拼搏的精神得到了培养。应该说，活动有助于学生间的了解、交往与人格完善，并能促使学生尽快融入集体这个大家庭中，拉近了师生的距离，让班主任走近学生甚至走进学生心里，产生了互动发展的情愫。

二、创建文化家园，师生互助发展

班级的每项活动都应努力渗透和弥漫文化气息，具有共同的文化追求。

1. 以情感文化教育人

情感文化是良好班级文化的基础，班主任的关心、同学的友谊、民主的气氛、集体的鼓励对学生的成长是一种积极的动力因素。班级是培养学生良好道德情感的场所，而"爱"是培养班级情感文化建设的核心，班主任和学生都是构建班级情感文化的主体，班主任更是班级情感文化的引导者。别林斯基说："爱，是教育的工具和媒介。"爱也是情感文化核心。班主任了解、尊重学生的情感，关心、爱护每一名学生，平等、真诚地对待每一名学生，理解、宽容学生的无心之过，让学生在感受到师爱的温暖中产生积极健康的情感，形成良好的班级文化氛围。在班级中，我充分发扬民主，尊重学生的"童言无忌"，保护学生的"异想天开"，理解学生的"盲目过错"，让每名学生都能在老师面前畅所欲言，勇于展示内心世界，成为富有创造精神的一代新人。

2. 以制度文化规范人

建立"班级分级管理制"，实行班级管理民主化、自主化。有句话说："抓在细微处，落在实效中。"班主任工作只有细致入微，才能使班级管理见成效，在细致管理的基础上还应充分发挥民主。班主任要有意识地让学生参与管理，创设各种表现机会，充分调动全班每名学生的积极性，形成民主管理气氛，使学生自我表现心理得到满足，民主意识得到培养，管理能力得到增强。

三、创建精神乐园，师生互动发展

真正的教育应该是充满着生命活力的人的教育，是生命与生命的交往和沟通的过程。有了这种生命沟通，教育才能深刻地实现对生命发展的影响。班主任面对的是具有思维能力、主观能动性、活生生的学生，他们是自我的主体，具有自觉能力。教育者培养受教育者首要是尊重学生的主体性，关注他们的生命性，承认他们的差异性，培养他们的自主性与自觉性，促进自我教育。

（1）培养主体意识，开展自我教育，可从自我管理、自我学习、自我锻炼、自我教育、自我评价五方面来进行培养。

（2）树立时代精神，养成"四个学会"，即学会自信、学会自强、学会自主、学会负责。

培养学生的责任感是形成学生良好道德品质的重要因素，是道德行为的原动力，可通过班干部的培训和大力宣传先进人物的典型事例来强化。

总之，心灵沟通是班主任工作的法宝。引导班级团结奋进，使学生在舒心的环境中茁壮成长，成为性格开朗、自信、幽默、诚恳务实的国家栋梁，是我的奋斗目标。日常工作中做到"沟"而"互通"，就会使班主任工作事半功倍，取得意想不到的效果。

倾听是一种智慧

一个好的班主任首先要学会倾听，因为倾听是人的本能，通过倾听可以接受外界的信息。倾听多了，自然而然地就可以从中鉴别真伪、去伪存真。在倾听学生心声时，要精心设计倾听的内容，注意倾听的态度和方式，以期达到理想的教育目的。

一、倾听能使教学做到有的放矢

新课程理念下的课堂教学是开放、动态的生成。当学生"活"起来、"动"起来的时候，会生成许多预料不到的教学资源。有时这些教学资源能有效地指导教学，使教学做到有的放矢。这样的教学资源需要班主任在倾听中去发现、去利用。如果班主任不了解学生，不注重倾听学生，那么教学就像盲人摸象一样，费力不少，成效却不大。班主任只有了解了学生的思想实际，才能使教学做到有的放矢，也才能收到事半功倍的效果。

二、倾听能让学生体验到学习的快乐

"教育过程是教育者与受教育者之间相互倾听与应答的过程。"但在单向的倾听与不平等、不民主的教学环境下，学生只会感到压抑、枯燥，体验不到学习的快乐。班主任如果把自己看作教学活动的一员，认真地关注学生，耐心地倾听学生的讨论、答问及思考的过程，学生的思维就会被激活，学习的热情也会被点燃，主动参与学习的积极性就会高涨，自然就能体验到学习的乐趣。只要班主任重视学生，善于倾听，主动与学生对话交流，快乐就会走进他们的心里。

三、倾听学生的情感、欲望和需求

学生的情感、欲望和需求，不仅通过他们的行为，而且还通过他们的声音表达出来，有可能是一段述说、一个句子、一个简单的感叹词以及一声叹息或轻声的抽泣。这些声音可能是学生对上进的渴望、对尊重的希望、对友谊和理解的渴求、对心理压力释放的需求等，对这些声音的倾听、理解和应答，就成了班主任的重要任务。如班级管理中班主任经常会遇到学生提出换座位的要求，这时班主任要耐心倾听他们的理由以及由此而来的一些情感需求，如有可能，应尽量满足。又如，有的学生因承受着来自学校、家庭以及自身等方面的压力，而丧失信心，甚至产生一些心理问题时，班主任的耳朵应变成听诊器，通过望闻问切，认真倾听学生的学习状况或生活状况，及时捕捉到他们的异常情绪等，帮助学生尽快走出心灵的阴影，愉快地投入到学习中去。

四、倾听学生的思想

一个具有倾听意识和习惯的班主任，往往能从学生的声音中倾听出某种思想和观念的萌芽，并能做出恰当的评价和引导。尤其是一些消极的甚至是错误的思想或观念，更需要班主任及时做出指导和纠正。如有的学生因学习不好而产生混日子的想法，有的因亲人去世而产生悲观厌世的思想等，所有这些都需要班主任通过倾听学生的真实想法，了解并给予正确的引导。而当学生被班主任倾听并被认可或得到指导时，学生就会经常主动地向班主任敞开心灵的大门，与班主任进行思想上的交流，师生之间也就更容易沟通。

五、倾听学生与他人之间的关系

作为正在社会化的人，学生的每一个声音都不单纯是自我的声音，更多的是对他人与自我关系的反映。班主任要倾听一下学生与他人的关系如何，是否有利于学习和成长，心中是否有烦恼需要班主任排解，等等。根据学生的诉说，班主任要及时做出恰当的处理，或支持，或引导，直至解决问题。

六、保持良好的倾听态度

1. 真诚和平等

心理学研究表明，人在内心深处都有渴望被别人尊重的愿望。首先要求班主任能以一种真诚的心态来倾听学生的声音，把学生作为一个与自己平等的、鲜活的生命来看待和接纳，不能让学生感到班主任是高高在上、盛气凌人地和学生谈话。

2. 专注和警觉

班主任倾听学生诉说的时候要专注、认真、仔细，要让学生感觉到班主任重视他，而不是心不在焉或敷衍。同时在专注中要包含着警觉，对来自学生的每一种声音的方向、特点、隐藏的情感和心理变化，要时刻保持敏感，以便能捕捉学生的言外之意、弦外之音，并能洞察出学生的细微变化。

3. 执着和冷静

班主任要以冷静的头脑去倾听学生的心声，走进学生心灵的深处，不随意打断学生的诉说，及时地了解他们的需求，帮助他们排忧解难。

总之，倾听是一种平等与尊重，是一种关爱与欣赏，是一种对话与沟通。班主任倾听学生诉说时，要多用鼓励和欣赏的眼神，多用友善、关爱、信任的眼神。要让学生切实感受到班主任的真诚，这样他们才会吐露心声，个体生命才会焕发出夺目的光彩。所以，倾听是一种教育智慧！

正确看待学生的过失

不经历风雨，怎见得彩虹？学生在成长的道路中有曲折是很正常的，班主任要理解学生，宽容学生的过失。这样不仅能更好地维护学生的自尊，让学生认识到自己的错误，心悦诚服地改正错误，而且也有利于建立良好的师生关系。

一、尊重有过失行为学生的人格

人性中最本质的渴求是得到他人的尊重、理解和支持，学生的心灵深处同样有着如此渴求，这是学生成长过程中不可缺少的阳光、空气和水分。对有过失行为的学生，尤其是过失行为较多或较重的学生来说，批评甚至惩罚能约束他们，但其人格尊严随之会受到不同程度的伤害，使得班主任的教育难度增大。

二、要理解和宽容学生的过失

"人非圣贤，孰能无过？"如果班主任对犯错误的学生只进行简单的说教，不分轻重地批评、训斥，甚至讽刺，往往效果不大，甚至事与愿违，学生易因此产生逆反心理。"不是棒槌的敲打，是水的载歌载舞让鹅卵石日趋完美。"要善待犯错误的学生，就是给学生提供一个思考和自省的机会。班主任只有宽容理解学生，才能走进学生心里，赢得学生的信任和敬佩。

三、宽容学生，就要理解、尊重和信任学生

班主任要"以人为本"的对待后进生，相信后进生也有一颗上进心、一颗善良的心，给他们以更多的关注、理解和帮助。教育学生是班主任的职责，善待学生就会给学生一片蓝天。

四、找出学生在过失行为中好的方面予以表扬、肯定

在教育的过程中，对品质、学习好的学生予以表扬和鼓励，班主任都能做到，但对有过失以及过失程度较严重的学生就不一定都能做到。对学生来说，当自己犯下错误时，往往会做好被班主任批评的心理准备，如果妥善引导，会产生很好的效果。

五、激发学生的自信心，培养集体荣誉感

学生是生活在班集体之中的。犯了错误的学生会受到班规的压力，从而产生自卑感。因此，班主任要充分利用集体的力量，和其他学生一起做他们的转化工作，帮助和鼓励犯错误的学生消除自卑感，培养自信心，使其自爱、自重、自强，并在此基础上鼓励他们和同学共同参加集体活动，培养其集体荣誉感。

六、培养正确的道德观念，提高明辨是非的能力

由于学生正处于成长阶段，道德观念和是非观并不完善，因而有的学生常常犯错误。虽然他们在道德认知、道德评价方面的接受能力还较差，但联系生活实际还是常常能被他们理解或接受。只要班主任注意学生身心发展的特点和实际的接受能力，进行有效的说服工作，还是能够帮助他们形成正确的道德观念和是非观的。

七、锻炼同不良诱因作斗争的意志，巩固新的行为习惯

由于学生可塑性的另一面就是易变性，正在改正错误的学生往往一遇到不

良诱因就很容易故态复萌。因此，班主任要有意识地进行信任性考验，以锻炼学生与不良诱因作斗争的意志力。在改变过错行为习惯的同时帮助他们建立良好的行为习惯。良好的行为习惯越巩固，过错行为习惯就越容易被克服。

总之，善待学生，切忌把有过错行为的学生看作另类。只要班主任真心地热爱他们，维护他们的尊严，帮他们创造恢复自信的机会，相信他们一定能够在爱的阳光下茁壮成长。

辩证看待学生的缺点

俗话说"人无完人",这说明每一个人身上都有或大或小的缺点或者不足。作为成长中的学生,正是处在对知识、做人、做事的学习中,缺点就像他们的伙伴一样,如影随形。班主任总是希望学生全是优点,没有缺点,但在班级管理中,这种愿望虽好,却是不现实的。所以,班主任应努力做到像一个真正的朋友一样,欣赏学生,学会倾听学生的意见,理解他们的感受,包容他们的缺点,分享他们的喜悦。

一、正确对待有缺点的学生

有一个哲学家在一张大白纸上画了一个小黑点,然后拿着纸向台下展示,问大家看见了什么。大家一致回答:看见了一个小黑点。哲学家又问还看见了什么,大家都摇了摇头。哲学家说:"你们应该看见的是有一个小黑点的大白纸!"为什么对这么大的白纸视而不见,却偏偏看见了小黑点?这个现象值得我们深思。有缺点的学生绝不是一无是处,如果班主任盯住一个缺点大做文章,其实是自寻烦恼、自讨没趣。

面对学生的缺点,班主任的胸怀应该比大海更为宽广,要善待他们,用发展的眼光看问题,不能以简单粗暴的方式对待他们。因为没有错误就没有进步。班主任要走进他们的心灵,多问几个"为什么"(为什么迟到、不遵守课堂秩序、打架斗殴等),设身处地理解他们,探根究底分析他们犯错的原因,从源头上解决问题、教育学生。对待缺点学生,班主任要向菲拉学习,使他们把握现在和未来,以饱满的热情投身于现在。

《哈佛家训》里有一段菲拉转变26个"问题学生"的故事。故事情节是这样的：面对26个孩子，菲拉没有训斥，而是出了一道选择题，让他们从三人中选择一位最受人们敬仰的人。A笃信巫医，有多年吸烟史，且嗜酒如命；B曾经两次被赶出办公室，每天要到中午才起床，每晚都要喝大约一升的白兰地，而且有过吸食鸦片的记录；C曾为国家的战斗英雄，一直保持素食习惯，热爱艺术，偶尔喝点儿酒，年轻时从未做过违法的事。很自然，孩子们选择了C，认为他品德高尚，一定会成为精英。然而菲拉的答案却让这些学生大吃一惊。其实，这三个人都是二战时期的著名人物：A是罗斯福，身残志坚，连任四届美国总统；B是丘吉尔，英国历史上著名的首相；C是夺去几千万无辜生命的法西斯元凶希特勒。菲拉告诉这些孩子："你们的人生才刚刚开始，以往的过错和耻辱只能代表过去，真正能代表一个人一生的，是他现在和将来的所作所为。"

二、如何与有缺点的学生沟通

1. 关心学生生活，从侧面接触

人以群分，物以类聚。问题学生内心空虚、孤独、无聊、自卑，且不相信人，他们大多游离于集体之外，形单影孤。班主任应多从侧面了解其家庭成员、社会关系、亲戚朋友、街坊邻居，想方设法与他认识的人拉上关系，缩短师生之间的距离，给他以亲切感、人情味儿。

2. 给学生找事干，正面交流

在学生心中，班主任的一个举动、一句暗示，甚至一个表情都会引起学生的关注，使之产生强烈的情感共鸣，特别是在有缺点的学生心中，班主任一个微乎其微的做法就会掀起万丈波澜。让有缺点的学生替老师办事，在他心中是莫大的荣幸。去办公室倒一杯水、向他借一本书、向他问个事、和他商量管理班级的事，诸如此类的小事，在学生心里会引起强烈震撼，从而心怀感激。

三、科学地表扬，艺术地批评

当班主任与有缺点的学生发生矛盾时，避免在同学面前、公众场所与其针锋相对，要避其锋芒，冷静地处理一切突发事件，给他留点面子，事后单独批评，晓之以理，动之以情。如著名教育家陶行知"四块糖育人"的故事。

陶行知任育才学校校长时，有一天他看到一名男生欲用砖头砸向同学，就将其制止，并责令其到校长室。等陶行知回到办公室时，见男生已在等他，就掏出一块糖送给他："这是奖给你的，因你比我按时到了。"接着又掏出一块糖给男生："这也是奖给你的，我不让你打人，你立刻住手了，说明很尊重我。"男生将信将疑地接过糖果。陶行知又说："据了解，你打同学是因为他欺负女生，说明你有正义感。"陶行知掏出第三块糖给他，这时男生哭了："校长我错了，同学再不对，我也不能采取这种方式。"陶行知又拿出第四块糖，说："你已认错，再奖励你一块糖……我的糖分完了，我们的谈话也就结束了。"

四、不唠叨，不埋怨

学生正处在学习阶段，学着如何与人相处，学着怎么爱家人、朋友、老师。作为和他们朝夕相处的班主任，绝对不能对一个学生的迟到、早退、不交作业等挂在嘴边，早三遍晚三遍地念叨，而是把它放在心里、记在脑中，想着该用怎样恰当的方法让他们改掉缺点。这个时候，班主任心里再着急，也要告诉这个学生，老师曾经和他有一样的缺点，并告诉他们这些缺点都不是什么原则性的问题，只要慢慢、逐一改正过来，一切就好了。学生虽然是学生，但也是有自尊心的，他既然已经知道这些只是小小的毛病，就会下定决心改正过来，不会再让班主任操心。

"海纳百川，有容乃大。"作为班主任，应该有太阳一样的爱心、大海一样的胸怀。在面对学生们的调皮捣蛋、自负自大时，班主任不必埋怨、责备，要在包容中引导他们，在不经意间告诉他们这样做的害处。学生身上的缺点就像花朵上的一只小虫子，尽管它是存在的，但不影响花朵自身的美丽。给学生一段时间，让他自己体验改过的过程，就是对学生最好的教育。

　　总之，班主任面对学生的缺点，要充分认识它的根源，找到原因，彻底改变。但无论如何，都要讲究方式方法，结合学生的特点、性格，尽量做到不伤害学生的自尊心。这样，才算做到了一个班主任应该做的，也才会成为学生心里最尊敬的人。

巧妙处理学生的恋爱问题

进入中学阶段，随着年龄的增长，学生的情感问题是客观存在的，也是不能回避的。学生在情感上对异性有倾慕之情，这都是正常的事情，千万不要视之为洪水猛兽。

一、了解学生谈恋爱的情况

清楚学生谈恋爱的初衷以及对于学业是否造成影响，对彼此的生活是否也有影响。在这种情况下，班主任也要了解学生谈恋爱的感情程度。堵不如疏，善于引导好过加以干涉阻止。

当发现有些男女学生之间交往密切时，一定要先分清他们之间的交往是一般交往还是早恋。事实上，许多男女学生间的交往只是正常交往，并无恋爱动机，如果对他们胡乱猜疑、捕风捉影、横加指责，动不动就扣上早恋的帽子，反而容易促使那些纯真的学生弄假成真。但如果发现他们确有早恋现象，作为班主任一定要冷静、慎重地对待他们，尊重他们的人格，帮助他们具体分析早恋的原因，指出恋爱的盲目性，教育他们正确认识早恋对学习和进步甚至身心带来的危害，帮他们树立正确的道德观念及远大的理想，引导他们回到集体和同学中来。

二、分析学生谈恋爱的情况

通过学生群体或是个别学生了解恋爱学生的情况，对于谈恋爱的学生要严密观察，未雨绸缪。

三、找谈恋爱的学生进行谈话

分别谈话，了解学生对于这段感情的看法，不要硬生生地拆散他们，可以通过感化的方式跟他们谈论恋爱的利与弊。

四、告知家长学生谈恋爱的情况

家长具有知情权，但不是以告状的方式去告知。这个时候以告知为前提，建议和协助为辅助，通过双层管理共同处理学生恋爱这个问题。

五、进行审美教育，防患于未然

学生在成长过程中难免会出现心理波动，许多事情的发生不是可以事先制止的。所以，应该尽早地对学生进行审美教育。

总之，对于学生的情感问题，就像对待自己孩子的情感问题一样认真。既不能置之不理，也不能嘲笑学生。置之不理，可能使学生在情感问题上走入误区；嘲笑学生，可能让学生为这种合理的情感诉求感到耻辱。班主任入情入理地帮助学生，让学生既感到自己的想法是对的，同时又把精力放在学习上。

标本兼治戒网瘾

随着信息技术的高度发展，网络正在逐步进入学生的生活，并且学校也在努力普及电脑，鼓励学生在信息时代占得有利地位，让学生在网络上学习新知识。然而却出现了许多学生因为上网成瘾，造成成绩下降、无心读书，这些都不利于学生的健康成长，给学生的身心健康带来极大危害。作为班主任，在新时期的班级管理中应善于引导学生正确对待网络所带来的信息，教育学生明辨是非善恶的道德观念，加强自身修养，不断提高自己的鉴别能力，这样才能正确、充分地利用网络。

一、正确引导，转移注意力

对于已经有网瘾的学生，班主任应当积极干预，本着"尊重和严格要求相结合"的教育原则，坚持正面教育为主、批评惩罚为辅的干预原则。不少网络成瘾的学生都有一定的心理缺陷和情感缺失，对此，班主任更应该给予学生关爱，以满足其情感需求，务必尊重学生的人格尊严，站在学生的角度一起分析网络成瘾的原因，探求积极的解决措施，不因学生的个别缺陷而否定学生的全部，要积极发现学生的优点，鼓励学生以积极因素克服消极因素。

例如，发现学生的责任感、幽默感、艺术特长等，鼓励学生积极参与班级活动，并安排学生担任相关的职务以转移学生的注意力。对学生所取得的成就应及时给予鼓励和表扬，从心理上降低网络所带来的满足感，帮助学生体会到现实世界的美好。另外，班主任需要注意"过犹不及"，戒除网瘾并不是要完全杜绝上网，而是需要帮助上网成瘾的学生规划上网时间和上网活动，时时加以考察，以促使学生从自身提高控制力，逐步缩短上网时间，从内外两方面实现戒除网瘾的目标。

因此，班主任对有网瘾的学生应少一点儿冷落，多一些尊重；少一点儿歧视，多一些理解；少一点儿排挤，多一些关爱，为师生之间构建一个平等的沟通交流平台，让班级充满爱心，让师生充满亲情。

二、借助合力，形成压力

要想帮助有网瘾的学生戒除网瘾，使他们转变，若单靠班主任一个人单枪匹马地开展工作，即使班主任有三头六臂也难以达到一定的成效。必须借助于家庭和学校的整合教育，促使有网瘾的学生转变。班主任通过家访详细地了解学生的家庭情况及其成长经历，这样做才会有针对性地开展工作。在多次教育之后，有网瘾的学生若仍然不能戒除网瘾，那么班主任必须及时通知其家长，请其家长来校，班主任与家长相互交流教育方法，在达成教育方法一致的基础上让家长与之沟通。家长也应正确认识网络的利弊，采取正确的教育方法，疏通学生思想。另外，家长应尽量少给他们零花钱，从根本上断绝其上网的经济来源。或者要求他们对每一笔零花钱做详细的开支记录，形成一本开支明细账本。这不仅有利于培养学生的理财能力，又增强了学生的自控能力，提高对网瘾的免疫力。如果效果还不明显，可由学校德育处和心理辅导室对他们进行德育教育或心理疏导。班主任整合学校、家庭的教育力量，共同帮助学生戒除网瘾。

三、心理说明，自我反省

中医在治病救人的时候，有"外敷加口服"的"外拨内攻"疗法。班主任在矫治学生网瘾时，既要外部施压，又要让他们内心起变化。班主任说服他们之后，让他们发自内心地写出心理说明书。在心理说明书中详细地叙写以前上网的过程（时间、地点、参与人员）、心理特征及上网成瘾后种种不良行为等，并分析上网成瘾的危害。同时，可以写家人对自己的期望，写过去的理想、童年的梦想，写自己的将来，写自己身边的同学比自己进步了多少，等等。边写边反思，使其重拾过去的勃勃雄心，唤醒沉睡的斗志。然后，班主任根据他们的文章加以归纳、分析，找出原因，耐心教育，悉心引导并提出相应的解决办法。在征得本人同意的情况下，有时可以把他们写的最感人的文字念给全班同学听，不仅让全体同学受教育，而且可以起到监督作用。这样，他们在经过一段时间的思想洗礼后，上网的强烈意识会逐渐减弱，最终戒掉网瘾。

四、教会做人，学会学习

学习是学生的天职，这是人人皆知的事情，也是每个家长和老师都非常重视的事情。班主任只有在教育网瘾学生怎样做人之后，才能围绕学生的学习开展工作。那么，怎样让网瘾学生走进知识的殿堂，提高学习兴趣，又是一个他们成功戒瘾的关键点。这时，班主任的工作可分为前中后三个阶段。前期（可能为期两周），每天早上，班主任指导并同他们一起制订当天的学习目标和计划。每天晚上要求他们写日记，反思当天的计划完成得怎么样，写当天的读书感受，等等。班主任应天天检查并提出相应的整改意见。中期（可能为期一月）可抽查其学习情况，如作业、听课笔记等，有针对性地找些资料书、试卷让他们完成。这个时期对他们的作业要求不能太高、太严，应慢慢加"紧"。后期，为了进一步巩固前中期的效果，并促使他们后期的良性发展，班主任可以帮助他们制订长远的学习目标和计划。在这个过程中，班主任对他们的成绩进步及时表扬和鼓励，同时对他们存在的不足之处予以批评。正所谓由宽而严，自然而然。

五、正确认识，点亮明灯

计算机给我们带来了一个网络经济信息时代，网络不是老虎，更不是毒品。班主任要戒除网瘾学生的"瘾"，而并不是让学生完全杜绝上网、与网络绝缘，更不是"谈网色变"。可通过组织全班学生开展辩论赛、演讲、主题班会和作文、写研究性论文等多种活动，让整个班级的学生都能正确认识网络的利与弊。让学生知道，上网不仅仅是聊天加游戏。让他们懂得，只要正确对待网络，加以合理利用，不仅不会上瘾、玩物丧志，而且还可以让网络成为我们生活、工作、学习的好帮手。

总之，网络成瘾已经成为影响很多学生健康成长的重要因素，不少学生因为过度沉迷网络虚拟世界而耽误学习，影响人际关系，导致人格缺陷，生活能力降低，甚至不能适应正常的生活。而班主任作为班级管理的负责人、学生的知己和朋友，应当本着以学生为本的原则，采用科学的方法帮助学生戒除网瘾，从而促进全体学生的全面发展和健康发展。

第五辑

『严』

——从严要求，从严衡量

制定切实可行的管理制度

俗话说："国有国法，家有家规，校有校纪，班有班规。"制定切实可行的班规是班主任从事班级教育管理工作的有效抓手。没有班规，班级工作就会失去动力，班级精神就会变得涣散，缺乏战斗力。科学可行的班规会使每一名学生都能承担自己的责任，共同创造班集体荣誉，形成强大的凝聚力和向心力。贯彻落实好班规，可以实现班级管理从班主任一手管理的他律到学生自我管理的自律，实现班级管理的民主化、自觉化。

一、班规制定的前期准备

1. 制定的最佳时机

班规的制定要选择最佳时机。一般认为，班主任在接到一个新的班集体的两三个月为最佳。因为学生从四面八方来到一个新的环境，在经历了新生军训，确立了班团干部队伍之后，学生也在两三个月的时间里对于新的环境有了初步的认识和适应，这个时间段往往是我们选择制定班规的最好时机。这个时候，学生可以暴露出对新环境适应的很多问题。如果太晚，则不利于班级学生管理基础的建设，也会跟不上学校整个大环境的节奏；如果太早，学生的各种问题需要深入，班主任也需要时间考察、组建学生干部队伍等。

2. 充分了解学生的情况

没有调查就没有发言权，班级管理中深入调查学生的意愿是关键，包括学生的特点、籍贯、男女生比例、家庭状况、民族习惯等。

班主任既是班规制定的引导者，也应是参与者，必要时候也是履行者。班主任应将自己也纳入班规的执行者行列，这样可以真正拉近班主任和学生的距离，因为班主任也是班集体中最重要的成员之一。

二、如何制定班规

1. 指导思想

班规的确立要在遵照学校和学生处有关部门指示精神的范畴内，本着只适应于本班级所有学生，最好在某种参与程度上也包括班主任。班主任应把自己也摆在班集体的成员位置上，班规应该是民主的、平等的，班主任和学生共同参与讨论和制定。

2. 组织原则

班级班规的制定必须建立在本班客观实际基础之上，应从班级每一名学生的学习情况、行为习惯、作息情况及班级日常管理中所出现的、存在的情况进行制定。只有这样，制定出来的班规才能更好地服务于班级管理和建设，服务于班级的每一名学生。班规的合理、科学、好用程度，不在于它所呈现出来的华丽、精彩的语言或先进的管理理念，应该是适合本班级日常管理工作的需求。

3. 民主集中制

民主是集中的前提，集中是民主的保障。在制定班规时，应正确把握民主与集中的关系，把二者有机统一起来。在班主任的正确引导下，充分发挥学生的主动性、积极性，制定适合班情的、科学的、实用的班规，从而规范、约束、引导学生。班规的所有条款要达到班级一半以上或者三分之二以上学生赞同后再生效执行。在制定班规的过程中，既不能由班主任一手包办，也不应该放手全部让学生讨论制定。班规对班主任和学生意义都很大，因此双方必须在过程中充分参与，最后形成一致的意见。

4. 考虑全面

例如对考勤（正课考勤、早晚自习课考勤、重大集会考勤等）、卫生（宿舍、教室、卫生区、值周班）等的规定，对抽烟、喝酒、打架斗殴、夜不归宿、私自外出等的处罚，越全面越好。

5. 执行主体要分工明确，制定过程应科学严谨

班主任必须要引导学生认识到班规条款的针对性、可行性、合理性、实用性等原则，也可以把别人制定的班规拿出来让大家参考，还可以对学生没想周全的条款进行提醒和补充，对学生过激的措施进行修正，特别注重对奖惩性条款的制定和引导。在班主任的引导下，确保制定的班规合情合理，确保有效实施。由此看来，班主任是后盾，班干部是执行主体，班级成员既是参与者又是被约束者。班主任提供思路，设定大致范畴，学生单独拟定班规或班规的某一方面；以小组为单位，对组员草拟的班规进行整合；班干部根据班主任提供的思路，对小组拟定的班规进行修改、完善；全班所有学生对班规进行逐条解读、讨论、修改；最后民主投票表决，形成初步书面规章制度。

6. 监督体系要完备

除了必要的班主任、班团干部、值日组长、宿舍长之外，每一名参与班规制定的学生都要行使监督权，人人遵守，人人照章办事，"王子犯法，与庶民同罪"。有效的监督体系对于班规的执行力和权威性是最关键的基础！

7. 奖罚分明

对于当前学校所面临的学生群体来说，光有规矩是万万不行的，他们活跃，希望被赏识和表扬，需要奖励。所以当某个学生有了一个小小的进步，就要奖励他，这是调动全体同学积极性的一个重要方面。另外，惩罚是必要的，教育虽然以表扬、鼓励为主要手段，但是一直在鼓励中长大的学生会很脆弱，适当运用惩罚的方法教育学生对他们的成长会有好处。这种惩罚方法要有一定的限度，讲道理与引导相结合，要让他们感受到家长与班主任的爱意。晓之以理，动之以情。但是，不论选择何种惩罚方法，前提是大家都认同，而且要罚得及时，这样做效果才会立竿见影、事半功倍。

总之，在班级建设管理中，一套具有科学、合理、完备的班级规章制度，对班级日常各项管理，培养学生良好的学习习惯，引导规范学生的日常行为，建设一个先进的班集体，都会起到积极作用。因此，在班规制定过程中，班主任一定要举全班学生之力量，集全班学生之智慧，本着客观、公平、科学、实效的原则进行班规的制定。

明确班级建设的目标

班级建设的总体目标，即努力使本班学生形成较高的自主管理能力，形成较强的自主学习能力、较好的自主生活能力，学会自主管理、自主学习、自主生活、自主创新和自主发展。注重学生日常行为和良好学习习惯的养成，营造积极向上、民主和谐、拼搏奋进的班级氛围。

一、班级建设的目标

1. 有共同的目标

要有创建班集体的总目标、计划和总结，并能有组织地开展创建活动。每个学生有与班集体目标一致的个人目标，并为实现班级目标努力实践。要有学生设计的班规、班名等，有为班级、同学服务的班级小岗位，共同参与班级管理。

2. 和谐的集体舆论

集体舆论积极健康，并且能凝聚成一股强大的教育力量。班级有各种舆论阵地，如黑板报、意见箱等，并能充分发挥沟通、教育激励等作用。班内有先进典型，学习有榜样，形成你追我赶的良好风尚。每个学生的努力、特长和进步等都能得到鼓励与肯定，学生在自我价值的实现中感受快乐。

3. 良好的学习氛围

学生有明确的学习目的、良好的学习习惯，有勤奋、谦虚、好学、乐学的良好学习氛围，并形成严谨求实的学风。同学之间能互相帮助，特别是对学习有困难的学生有各种帮扶措施，全班同学能在学习过程中体会到快乐。全班各门学科成绩良好，或有明显进步，成为学校各班学习、追赶的榜样。

4. 快乐的团队活动

班级能创造性地开展活动，充实学生的学习生活，丰富学生的精神世界，班级活跃有生气。学生能积极参加年级、少先队、共青团、学校组织的活动，积极参加体育锻炼，人人参与大课间体育活动。让学生在活动中培养团队合作精神，增进彼此间的信任和理解，感受幸福。

5. 愉悦的人际关系

学生能正确处理好与集体、与他人之间的关系。学生尊敬师长，教师热爱关心学生，师生关系融洽。关心弱势学生，团结帮助后进生，让每个学生都能感受到集体的温暖，心情舒畅。班内没有被孤立者，人人都是幸福的个体。学校、平行班级对本班反映良好。

6. 鲜明的特色

有全班学生引以为豪的特色，如爱心帮扶特色、绿色环保特色、自主管理特色、卫生保洁特色、常规管理特色、文明礼仪特色、自主学习特色、实践活动特色、心理科学特色、文学特色、艺术特色、科学兴趣特色、体育特色、英语特色、经典诵读特色等，让学生的身心得到健康发展，并能辐射到其他班级，甚至全校。

二、班级建设措施

1. 班级布置

积极营造浓厚的班级文化，发挥环境育人的熏陶作用。做到让"四壁说话"，让"每一块墙"都成为"无声的导师"。

（1）班级名片：班级全家福照片、我们的口号、教师寄语、温馨班名。

（2）班级环境布置：前有班风，后有主题鲜明、色彩丰富的学习园地。在图书角等板块的基础上，各班可以根据自己班级的特色设置其他专栏，以体现班级的个性化布置和班级特色。每个板块由班主任和学生共同构思、设计、布置，体现实用、美观，凸显文化氛围和育人作用，力求生动活泼，符合中小学生特点。

2. 班级日常管理

班级日常管理与教师集体建设相结合，教师集体是班级日常管理中必不可少的要素。班主任可以从目标管理入手，激励引导；从协调人际关系入手，班级气氛和谐融洽；从培养班干部入手，自治自理；从形成集体舆论入手，好人好事人人夸，歪风邪气没市场；从建立班干部责任制入手，岗位落实，职责明确，人人有事干，事事有人管；从开展系列活动入手，层次分明，步步提高。班主任起到牵头、带头、协调的作用，任课教师也积极参加，出谋划策。

3. 班级制度化建设

建立班风、班规，以此约束学生的言行。在认真学习《学生守则》《中小学生日常行为规范》的基础上，结合班级实际（早餐、午餐、晚餐、路队、班级存在的问题等）召集学生共同制定班规。结合学校的行为达标评比办法，制定班级行为达标评比办法等，增强班级成员之间的凝聚力、集体荣誉感，形成良好的班风、学风。

4. 班级活动文化

活动是实现教育的有效形式和途径，班级文化活动因具有独立性、主动性和灵活性等特点，更能吸引学生参与。班级活动要注重对学生思想品德的教育，按学校要求认真组织，开展晨读、班会、综合实践等教育活动，做到活动主题明确，备课认真详细，活动正常有效地开展，学生活动有较为明显的成果。鼓励学生参加各种文娱体育活动，培养学生广泛的兴趣和健康的审美情趣，积极配合学校的阳光体育运动，打造阳光校园。

总之，通过认真组织实施班集体建设目标养成教育活动，使学生的道德风貌、文明行为习惯取得不同程度的进步，促进教育教学质量的提高和良好班风、学风、校风的形成。结合学校实际，有计划、有针对性地制订序列化教育目标，使学生的良好习惯养成教育及班级建设长期、有效地坚持下去。

追求"管"与"理"的有机融合

班主任工作不能只用身在忙，更要用心忙，因为班级管理的艺术更多地体现在调整、谋划、经营上。所以，班级管理既要有"管"，更要有"理"。如何处理"管"与"理"的关系，是衡量一个班主任是否优秀的重要标志。

"管"就是要求、规范、约束、评判、督促；"理"就是思考、研究、尝试、引导、完善，进而升华为感染、熏陶、激励、唤醒、鼓舞。同时，"理"还包括协调、理顺和理性的意思。协调是指要把不合适的工作制度、措施、方法等及时调整，而合适的则要继续推广、继续深化、发扬光大；理顺指的是理顺思想、理顺情绪、理顺关系、理顺思路；理性，就是要有科学意识，按教育规律办事，班主任无论对待工作中的什么事都要有适度的分寸、科学的思维。"管"的侧重点在依靠权威推动别人，而"理"的侧重点在依靠思考改变自己。"管"体现着班主任的态度和魄力，决定着工作的广度和宽度；"理"体现着班主任的智慧和能力，决定着工作的深度和高度。一个优秀的班主任，要追求"管"与"理"的有机融合。缺少了"理"，班主任的工作就失去了魅力和乐趣。

一、目标现实，具体清晰

目标是方向，是评价的标准、行为准则。班主任在对学生管理的时候，要让学生明确管理的目标。我国的德育目标以理性为主导，致力于高尚的道德情操培养。我们在制订目标的时候，既要高于现实，又要扎根于现实，不能脱离现实。制订德育目标也是一样的，要具有一定的理想性，要向人们表明什么是至善，以便使人们能树立高尚的道德理想。但更重要的是，道德目标应有现实性，应更多地体现在日常生活中。具体来说，在课堂上要认真听讲，不搞小动作；课间在自己的座位上坐好，不乱跑；楼内不讲话，靠右侧行走；今天的作业今天完成；不讲脏话；随手拾起地上的一片纸等。通过这种具体的目标要求，让学生知道自己在日常生活如何做才是好的。通过细小目标的逐个实现，最终使学生形成高尚的情操。

二、方法灵活，充满情理

虽然对学生的管理方法很多，但作为班主任往往以教师管理为主，与学生之间缺少情感的沟通。在对学生的管理过程中，应更注重情感的交流，将情感的交流融入生活中，充分体现出德育的生活化。

联合国教科文组织21世纪教育委员会提出的21世纪教育的四大支柱——"学会求知、学会做事、学会合作、学会生存与发展"，明确指示德育要生活化，即尽可能地与学生生活相联系，可以设计各种活动，使学生能在活动中掌握有关原理，为未来的社会生活做准备，应更关注学生健全人格的形成。不论采取什么方法，当出现事情时要更注重情与理相结合。在平日的生活教育过程中，要注重学生心理的发展。

三、奖惩结合，以导为主

在学生管理工作中，一些班主任制定了严格的奖惩措施，以激励学生好好学习。尽管也收到了一定的效果，但做好引导工作，发挥学生的自主性，将更有利于学习和班级管理工作。做好引导工作需要做到以下几点：一是多民主，少强制。要求我们要充分调动学生的积极性和主动性，引导学生制定规章制度、进行民主评议、换选班干部和处理班级事情，而不是单从班主任的愿望出发，强制学生这样做或那样做。二是多激励，少批评。要求我们要善于发现学生的自身优点和长处，培养学生的自尊心、自信心、上进心，善于用英雄模范、先进人物的事迹来激励学生积极向上，而不是一味地批评和处罚。三是多引导，少说教。要求我们不但要告诉学生什么是对、什么是错，还要告诉学生为什么，并具体指导学生去做。四是多用情，少用气。要求我们对待犯错误的学生要以情感人、亲切和蔼、心平气和，而不应怒气冲天、训斥指责，或者有意冷淡疏远。

四、制度人文，体现情感

对于学生的管理不能只靠班主任，还要让学生参与进来，同时要与学生共同制定管理制度，让学生明确自己在什么时候该怎么做。在管理过程中要注重对学生的引导，让学生明确制定的每项内容。可以根据《中学生日常行为规范》《中学生日常行为规范》进行量化，便于检查，对违纪的学生按规定扣分，按优等、良好、及格、不及格分为四个等级，以小组为单位，每周一小结，学期中进行初评，学期末总评，公布结果。在量化过程中要严格，思想工作要跟紧。

五、评价多元，关注发展

评价对学生的发展和管理是非常重要的。评价就是标杆，让学生知道什么是对、什么是错。但评价过程中不能只是由班主任自己评价，可以是学生自评、组评再师评。在评价过程中，既要有量化的条条框框，更要有情感的成分；既要看结果，更要关注过程；既要有缺点，更要有优点。特别是要关注评价后对学生心理的影响，要及时与学生沟通，帮助学生树立健康的心理。

总之，班级管理中，"管"要得法，"管"要充满情，"管"要注重"理"。只要班主任有一颗热情的心，工作中就会充满情，学生才会热爱生活，才能形成健康的心理，才能更规范自己的行为。

班主任如何管理班级纪律

纪律是教学质量的保证，是良好班风、学风的基础。抓好班级纪律是班主任工作的重中之重，班级纪律的好坏直接影响教学工作各方面的好坏，也能微妙地体现班主任各方面的能力。

一、以好治差，培养班干部

一个班级完全靠班主任来管理是一件非常吃力的事情，所以从接到班集体之时，第一件事情就是选举班干部。如何选举呢？应当由学生民主选举，因为每个班级都会有一些学习等各方面比较优秀的学生，这一部分学生在其他学生的心目中是有一定地位的。比如班主任问大家："选谁当班长好呢？"这时候，几乎所有学生都会不约而同地说出全班最优秀的学生的名字，有时候出现几位被提名者同样优秀，就票多者得。以此类推，班干部就选出来了。在以后的日子里，当学生被班干部登记名字的时候，老师找其来谈话，进行批评教育，可以对其说："班干部是你选出来的，要尊重自己的选择！"这样更利于说服学生，也更便于管理学生。其次就是制定班规，班规要简明扼要，有针对性，使学生明白做什么是对的、什么是错的，该干什么、不该干什么。要求学生每人抄写一份，要求熟悉，铭记于心，时刻以此自我督促。班主任要坚持每周召开一次班会、班干会，检查本周工作，着重重复班规内容，并且制订新的目标。让每一个被登记的学生总结一下上周的犯错，本周应该如何改正，应该向谁学习，促进学生遵守纪律，形成良好的习惯。利用班干会，特别要告知班干部要想管好别人首先管好自己的道理，要使各位班干部明确自己的分工，起到模范作用，同时要增强班干部的荣誉感。学生是多动的，保持性不久，班主任要记住时刻强调班规，督促学生遵守纪律，坚持组织班会、班干会，这一点很重要。

二、树立班干部威信

大部分班级都有班干部，但是在一些班级中却名存实亡，形如摆设，甚至毫无意义。原因何在？只因班干部无威信。那么，威信从何而来？当然，班干部的威信要靠班主任来树立。比如有些班级这样做：每周安排一个班干部值周，发给一个登记本子，要求班干都把每天违反纪律的同学名字登记下来。最开始，班主任可以每天检查一次，找来被登记的学生严厉地批评。慢慢的，可以每周检查一次，在班会中公开批评教育。屡教不改的，再到办公室进行细致的谈话、讲道理。久而久之，班干部在班中都是受人敬畏的。班干部反馈给班主任的信息，班主任的一定要重视，一定要及时处理。

三、课堂纪律问题的解决

1. 上课说话

在课堂或自习课上说话，是一个普遍性的违纪现象。这种现象乍看起来是一个小问题，但发展起来却具有严重的破坏力。班规中规定课堂上不准随便说话，但是有时因某种学习上的临时需要，如借支铅笔、问清任课教师刚才说的话等，也会经常出现说话现象。所以，在不严重影响教学的情况下，教师都不太严厉。结果很快由小声到大声，由二人到数人，乃至越扯越远，说起来没完没了，形成学生在台下讲、老师在台上嚷。这种现象对自习课的危害更大，有时一节节课聊过去，什么都不做，严重影响学生的学习成绩。

纠正课堂上说话之风的有效方法是搞课堂纪律评比：人与人比、组与组比，组长检查个人，班长检查小组，可以加操行分。但最有效的办法是各任课教师要从第一堂课开始就严加要求，不准学生随意讲话。只要无人第一个开口，闲聊之风就无从刮起。另外，班主任除"盯"好自己的课堂之外，还要"盯"自习课，要把这一问题消灭在萌芽状态。

2. 迟到、早退、旷课、逃学

迟到一般是由于学生在上课前遇到了什么问题，如打扫餐厅迟到、肚子痛，但更多的是学生时间观念差、早锻炼路上贪玩儿看热闹或睡懒觉。总之，大部分原因是可以避免的，只要班主任每日及时地查点，发现问题后立即查问原因，令其今后改正就行了。对早退现象只要每日及时查点，查出后立即过问，也能很快解决。旷课、逃课是考勤制度中最严重的纪律问题。学生旷课、逃课有一定的特殊原因，解决这种问题已不是单靠严格的考勤制度就能奏效的。如果发现一个学生连续旷课、逃课一至两天，那就要立即报告学校，通知家长，立即找到学生查明原因，一边配合家长消除旷课、逃课原因，一边要学生做出检讨、提出保证，按班主任与家长协商的要求每天准时上学，并委托班长、纪律委员协助监督实现。

3. 争吵、骂人、打架

由于初中生语言表达能力较差、易冲动、控制能力差，动不动就要用拳头发表意见。这些现象不仅影响团结、扰乱秩序，有时还引起严重安全事件。及时恰当地处理这些问题，正是教育学生正确理解人与人之间的关系，懂得团结友爱、文明礼貌的重要和做事要考虑后果的道理。

处理争吵、骂人事件，一是分清是非，二是要在弄清是谁先挑起争论和开口骂人的，然后在当事人各自认识自己错误的基础上，一方向另一方赔礼道歉，或双方相互道歉。处理打架时，不仅要弄清起因，弄清谁先动手，还要查一查从前他们之间有什么隔阂。处理时要公平，给予批评和或指正，或学校给予处分。不管处理如何圆满，不如防患于未然。有效防止打架事件首先发动班干部，常注意同学；其次班主任常提醒学生不准打架；再者，常批评劝阻学生开玩笑中的过火行为。

总之，"无规矩不成方圆"，良好的班级纪律才能使教学工作变得井然有序，才能给学生带来真正的快乐学习，才能培养学生对集体的归属感。因此，班级纪律的好坏在班级管理工作中起着至关重要的作用。

班主任日常管理中的严与宽

严与宽的关系是班级管理活动中最基本的关系，由于它不像具体问题那样容易识别和判断，又常常为班主任所忽视，把握好严与宽的尺度对于管理好班级非常重要。

一、从管理规范上看，严与宽的关系表现为强制性规范与非强制性规范的统一

管理规范是班主任在实施班级管理过程中对学生具体行为的操作性规定和要求。按照规范的强制性程度，又有强制性和非强制性之分。所谓强制性规范，是指那些必须履行，并且以强制手段做保证的行为规范和要求。非强制性规范则相反，是指那些在管理规范中靠学生自觉遵守，不做强制执行的方面和内容，多半以提倡的形式出现。强制性规范与非强制性规范的差异和对立正是严与宽的关系在管理规范上的具体体现。严的特点是强制性，宽的特点是宽容性。严要解决的问题是班级最基本或当前最重要的问题，为了保证所有力量都集中于此，就不可避免地带有一定的强制性；宽所针对的问题则是班级非根本性问题或不构成决定性影响的问题，因此在解决过程中暂不做过高要求，有一定的弹性。

严与宽在管理规范上的差异和对立，是两类不同管理目标在班级管理上的反映。管理规范是相对于管理目标而存在的，为管理目标服务，是对管理目标的分解和具体化。

在管理规范上做到严与宽的辩证统一，关键要善于区分班级每一时期内存

在的主要矛盾和次要矛盾。从主次矛盾的关系入手,确立目标,然后在管理规范层次上加以具体化。既有针对主要矛盾方面的严,又有反映次要矛盾的宽,二者有机结合,确保管理规范的科学与合理。

在这方面,要注意避免两个易犯的错误。一个错误是把管理规范与管理目标混为一谈,以管理目标代替管理规范,结果是对学生抽象要求多、具体措施少,在班级管理过程中形成宽严不分的局面;另一个错误则是盲目照搬过去经验或别人经验,导致班级管理规范与班内主次矛盾相脱节,从而难以解决实际问题。须知客观事物是变化的,班内的主次矛盾也在变化,如果不根据新情况及时解决新的管理目标和管理规范,找出新的宽严关系的结合点,那就极易出现该严时宽、该宽时严的反常现象。

二、从管理手段上看,严与宽的关系表现为制度化与非制度化行为的辩证统一

严是针对奖惩制度而言的,班主任对学生奖和惩的行为都要按照奖惩制度事先设定的标准进行,显示的是一种制度化的行为方式。这种行为方式根据制度和标准进行,比较注重制度上的原则性和执行上的公平性,可以说是一种典型的理性化行为方式。与这种行为方式相反,宽则是以思想教育为主要手段,显示出一种非制度化行为方式的特征,动之以情,晓之以理,通过激发学生内在的积极性和主动性,促使学生自觉完成班级所规定的各项任务。如果说制度化行为是对事不对人,强调对原则的遵守和坚持,那么这种非制度化行为则是对人不对事,把对学生的爱护和宽容放到核心地位,带有浓厚的情感色彩。

严与宽在管理手段上所显示出来的对立,又以双方内在的统一性和互补性为前提。只严不宽,师生间缺乏正常的感情交流,很难从根本上培养出学生健康健全的心理品格和良好的班风与学风;只宽不严,单凭学生的自觉觉悟则谈不上及时而有效地制止各种不良行为和不良现象的发生。只有把二者有机结合起来,双方才显示出深刻的互补优势来:严在情感方面的短为宽所弥补,宽在约束力方面的弱为严所克服。宽严结合使得双方优势得到了充分发挥

和施展，既培养了学生坚持原则、明辨是非的能力，又加深了师生间的感情和相互关系，从而使得学生在达标过程中将外力与内力化合成一种加速前进的巨大动力。

三、从管理方式上看，严与宽的关系表现为班主任管理与学生自我管理的辩证统一

严凭借一定的基础为强制手段，把学生的行为纳入既定的制度之上，因此在管理方式上必然表现为班主任的外在管理方式。班主任是管理的主体，学生是管理的客体，班主任与学生的关系是改造与被改造、教育与被教育、监督与被监督的关系。班主任通过运用班级管理权力，对学生的行为予以监督和调控，以此确保学生的发展符合既定方向。

与班主任管理方式对立的是学生的自我管理方式。这种方式的特点是学生在管理活动中既是被管理的对象，又是管理的主人；既是被改造的对象，又是改造者。学生的发展过程表现为一种自我培养、自我塑造的过程，这种管理方式意味着学生所受外在强制力的减弱和学生活动自由空间的增大。很明显，这种管理方式属于宽的范畴。

严与宽的辩证关系要求我们在班级管理方式上必须把班主任管理与学生自我管理有机结合起来，既要发挥班主任的主导作用，又要特别重视学生的主体能动性。在这方面，也有两个必须克服的不良倾向。一是事务主义作风。一些班主任事无巨细，一切都亲自包办，整天忙于处理班级的各种具体事务。就这些班主任的主观方面而言，非常认真负责，可以说是整天都在班里，但结果却是事与愿违。班主任刚离开教室，班级又乱作一团。究其原因，是学生的自制能力没有培养出来。二是懒散主义作风。一些班主任视学生的自我管理方式为班主任的解脱，认为一旦把权利交给学生，班主任就无须再插手管事了，对学生的事务很少过问，甚至不再过问。殊不知，学生的自我管理只有在班主任管理的前提下才能有良性发展。离开班主任的外在制约，单纯的学生管理极易走向松弛和混乱。

严与宽的关系作为班级管理活动的基本关系，体现于班级管理的各个环节

和方面。严与宽中包含着弛与张、松与紧、软与硬、实与虚、明与暗、轻与重等矛盾关系，这里的弛、软、虚、暗、轻就体现着宽，而张、紧、实、明、重则意味着严。班主任在管理中一味地松或紧、软或硬都不利于学生的成长和发展，必须做到张弛有度、软硬兼施。

班主任如何处理班干部违纪

班干部违反纪律之后，关键不在于罚与不罚和怎么罚的问题，而在于如何让班干部心甘情愿地受罚，在于受罚之后班主任如何做好安抚工作。那么，应该怎么做呢？

一、要有冷静的头脑

"人非圣贤，孰能无过？"作为学生，无论哪一个违反纪律都是再正常不过的事情。既然这样，就没必要对班干部犯错大惊小怪。班干部犯了错误，他的心里已经很不安了，如果再对他严厉地指责批评，会让事情变得更糟。班主任应该冷静对待每一个学生所犯的错误，正确对待班干部所犯的错误。

二、要有善听的耳朵

学生违反纪律之后，有些班主任总是情绪激动地大声呵斥学生，指责他的不是，尤其是有些学校用量化管理，将学生违纪情况与班主任考核挂钩，这更刺激了班主任的激动情绪，于是很多激愤之语脱口而出。其实，学生之所以成为班干部，就是因为他们犯的错误比别人少，得到比别的学生更多的信任。但班干部毕竟还是学生，还是未成年人，许多时候难免犯错，班主任不妨多点儿耐心，静静地倾听他们陈述理由：也许家里有事，上课迟到了；也许路遇同学，耽搁了；也许是和同学闹矛盾了，想走出教室散散心；甚至是一时抵制不住诱惑，上网吧了……

"上帝给我们一张嘴两只耳，就是让我们学会倾听。"班主任听完他的陈述，情绪也许就会有所缓和，继而找到处理的办法。

三、要有公正的心

"纪律面前，人人平等。"班主任做事的基本原则就是公平、公正、民主，最忌讳的是一碗水端不平，"两套标准"。全班通过的班规不可以说罚则罚、说废则废。

四、要给予温柔的安抚

处罚之后要及时找犯错误的班干部做思想工作，让他们明白一个最基本的道理：纪律是一切制度的基石，组织与团队要想长久存在，其重要的维系力就是团队纪律。要建立团队的纪律，首要的一点是领导者自己要身先士卒维护纪律。班级制定班规不是为了惩罚某个人，而是为了约束大家的日常行为。"国有国法，家有家规"，惩罚不是目的，而是建设的手段。"过而能改，善莫大焉"，犯错误的班干部依然是班主任的好助手、同学的好榜样。

"纪律可以促使一个人走上成功之路。"有位成功的企业家曾经说："领导者的气势有多大，就看他的纪律性有多强。"一个好的领导者必定是懂得自律的人，而且也一定是可以坚持及带动团队遵守纪律的人。所以，对班干部违反纪律就得一视同仁，按照班级规定行事，但在处理前要了解原因，处理时要冷静，处理后要及时安抚，让全班上下心服口服。

严而又度，严中有爱

  班主任是学校教学活动的直接组织者和管理者，是学生思想政治工作的主要承担者，是学生成长过程中的人生导师，班主任的管理方法和手段会对学生产生重要影响。因此，做好班主任工作非常重要。要想做好，必须突出一个"严"字，贯穿一个"爱"字。但在班主任的工作中，往往把握不准对学生"爱"与"严"的尺度，不是对学生爱得太过分、太随便，失去师之尊严，就是束得太紧、管得太死，以致学生"谈师色变"。把握好对学生恰当的"爱"和适度的"严"，做到爱中有严、严中渗爱，是我们教育者尤其是班主任值得探讨的问题。

一、突出一个"严"字

1. 班主任对自身的要求要严

  学校是培养人才的地方，教育者必先受教育。班主任要为学生做出表率，应不断丰富自己、充实自己，全方位地锻炼自己，不断提高自己的知识层次和管理水平。班主任对自己的言行仪表要严，为人师表，以身作则，时时处处注意自己的一言一行、仪容风度，成为学生的楷模。身教重于言教，凡要求学生做到的班主任自己首先要做到，这样学生才会心悦诚服。例如，班主任要求学生早晨6：50到校，自己在6：50之前也必须到教室，周六没课的时也要到校跟班，克制自己的惰性思想，绝对不能偷懒。实践表明，一个时时处处都能严格要求自己的班主任必能获得学生的喜爱、信任和尊敬。

2. 对学生的管理必须从严

从严要求、规范管理，是学校教育的一贯要求。一是执行制度要严。要严格纪律管理、学习管理、作业管理、考风考纪，不折不扣地按规章制度办事，实行请假补课制度、旷课谈话制度和考核不通过率不高于5%的制度。二是对学生的思想行为要求要严。对学生出现的问题、错误，要根据其情节轻重，该批评时就要批评，该处分时就要处分，不能因为学生犯的小错就放任不管，或一味地迁就学生、讨好学生。要从维护学校教育声誉、树立学校从严办学良好形象的高度出发，把从严管理贯穿于学习、纪律、作业、考试各个环节以及习惯、思想、行为各个方面。三是严而有度，要符合学生的实际水平、理解能力和承受能力。班主任热爱自己的学生，但对学生提出的各种要求都要符合他们的年龄特点，严格要求的"一刀切"是不可取的。对待不同的学生要有不同的尺度，有的放矢，因材施教。实践表明，只有坚持从严管理，才能保证教育教学的高质量。也只有严格管理，学校教育才能有强大的生命力，才能在新的形势下大有作为。

二、贯穿一个"爱"字

1. 班主任要热爱自己的本职工作

班主任工作的性质决定了班主任必须付出不懈的努力和艰辛的劳动。这就要求班主任必须热爱本职工作，要有高度的敬业精神和无私的奉献品格，全身心地投入到班级管理工作，时时刻刻思考、筹谋如何把教书育人落在实处。调动学生学习的积极性，提高教育教学质量，开展好班级活动，活跃学习生活，增强班集体的凝聚力。

2. 要热爱学生

热爱学生是班主任的天职，师爱不是溺爱，不是偏爱，不是滥爱。因为溺爱有失理智，偏爱有失公正，滥爱有失原则，师爱是尊重、倾听、宽容、信任、善良、公正、平等、鼓励、赞赏。实践证明，只要班主任真正用爱滋润学生的心田，就能赢得学生永远的尊敬和爱戴。

古人云："无爱不足以施教。"班主任只有深入到学生的内心世界，给学生以真诚的爱、教育，管理才能有的放矢。热爱学生，就要花时间熟悉学生、了解学生。了解学生的家庭状况、性格特点、兴趣爱好、社会交往等个性特征，了解学生的工作、生活和学习环境，这样管理、教育才能做到因人制宜、因材施教。热爱学生，不论学生职位高低都要平等对待、一视同仁、以诚相待，投之以情，施之以爱，时时处处为学生着想，尽力为学生排忧解难。作为班主任，要把每名学生当作自己的真挚朋友看待，要从学习上、思想上、生活上关心、爱护、帮助学生。当他们遇到困难时，热心指导鼓励；当他们思想波动时，耐心说服教育；当他们生病时，嘘寒问暖，使学生真正感受到老师的爱心、班级的温暖。热爱学生，就要事事处处体现对学生的信任、理解和尊重。对个别学生出现的违反规定的情况，要耐心细致地查找原因，多方了解思想动态，即使处罚学生也要做通思想工作，让其口服心服。实践表明，尊重理解学生，能够激发学生自强的信心，提高教育效果。

总之，严与爱密切联系，相辅相成，严是形成良好班风的基础，爱是教育成功的关键。所以，搞好班级工作必须从爱出发、从严要求。

班级安全教育不可忽视

安全就是生命，是学校教育教学活动顺利进行的基础和保障。中学生正值人生的花季，这一时期就如同一年中的春天，对他们开展安全教育，如同在生命中播下了平安的种子。切实提高全民的安全素质，抓好青少年的安全教育显得尤为重要。要抓好学生的安全教育，重要的是开展好班级安全教育。班级安全教育要从小事做起，对学生晓之以理、动之以情、导之以行，从而做到润物细无声。

一、从小事中培养学生的安全意识

现在的学生接触的事物并不比成人少，并易受社会习气的影响，导致学校教育常常在社会不良气氛中显得苍白无力。那么，如何抵制这些消极影响呢？必须注重从学生的日常小事入手，润物于无声，在小事中挖掘安全教育的材料。

1. 从听到的小事提高学生的防范意识

我们在日常生活、教育过程中总会听到这样那样的事儿，其中不少是进行安全教育的好材料。如果我们善于发现、挖掘，学生会很容易接受教育。例如，班主任组织学生平时注意收集广播、电视、生活中听到的安全事故事例，然后谈谈自己的体会和看法。对学生收集的材料和体会，班主任进行必要的点评，并张贴宣传，以提高安全警示教育意义。

2. 从看到的小事进行安全防范教育

眼睛是我们接收信息的重要途径，生活中看到的许多小事同样是很好的安全教育材料。安全隐患不可根除，时时在我们身边，我们要做的就是要防患于未然。教育家第斯多惠说过，教育艺术的本质不在于传授，而在于唤醒、激励、鼓舞。我们通过学生身边的小事，唤醒了学生对安全事故的重视与防范。

二、在小事中提高学生自我保护的能力

体验是学生发展能力、形成技能的最好途径。从小事入手，在小事中让学生体验自我保护的重要性及自我保护的过程，从而形成技能。在小事中创设各种情境培养学生自我保护的能力，教会学生自我保护的方法，培养学生自我保护的能力，使之有足够的能力和勇气沉着应对突发事件，这是安全教育的目的，也可说是现代素质教育的一项内容。在创设的情境中，通过体验让学生学习自我保护的方法是一种捷径，能取得事半功倍之效。

三、引导学生远离安全事故

安全教育的最终目标是促使学生形成安全行为，从而在学习生活中远离安全事故。其重点是规范学生的不良行为习惯，引导学生以安全的行为在安全的环境中学习、生活、成长。在教育活动中要导之以行，引导学生积极开展丰富多彩、有益身心健康的课外活动。规范学生不参与不科学的活动，不到有安全隐患的区域活动，培养学生良好的行为习惯。只有这样才能使学生更好地远离安全事故，使家人、学校、社会安心！

总之，班主任要想带出一个安全、稳定的班级，就必须坚持"安全第一、预防为主、防治结合、重在教育"的方针，对安全工作要主动抓、经常抓，认真落实各项安全制度措施，构建学校安全工作网络，筑牢学生安全工作防线，才能创建安全稳定、文明和谐的良好育人环境。

合理冷静地应对偶发事件

所谓偶发事件，就是在预定计划之外偶然发生的事情。根据教育目标和内容的多样性、学生身心特征的复杂性、教育过程中的生成性，特别是在这个信息化、个性化的时代里，学生的思想空前活跃，这就决定了班主任工作不可能都按照事先设定的程序进行，肯定会遇到许多的偶发事件。处理得当与否，直接反映了班主任的本身素质和工作水平。对于一个新时代的班主任，如何处理好偶发事件，是对班主任工作的一个重要挑战。

一、掌握事件过程，弄清问题

在处理偶发事件时，作为班主任不能轻易表态下结论，而要深入细致地调查研究，掌握问题的要害和实质，甚至必须调查事件发生过程中的细枝末节和学生思想的细微变化，这样才能把问题搞清楚、搞准确。

二、分析事件因果，找准症结

偶发事件虽然具有偶然性的一面，但也要承认在这种偶然的背后存在着客观上的必然因素，偶然之中有必然。所以，班主任应深入到问题的本质中去，不要被偶然的表象所迷惑，不能被某些局部的因素所左右，不能就事论事，而应该深入透彻地剖析事件的前因后果，弄清肇事者的思想动向，找准问题的本质、症结所在，对症下药，不能错误分摊、平均下药。这样避免了病重者觉得药量过轻、病轻者觉得药量过重的现象，病根才能得以根治。

三、处理趋"冷"避"热"

偶发事件是事先难以预料的，况且事件的当事人正处于矛盾和情绪都极度亢奋或对立的状态。因此，如果草率行事，轻易下结论，就会适得其反。班主任要在掌握事件本质的基础上做好学生的思想工作，然后根据事件的性质、当事人的年龄和个性特征采用不同的处理方法，慎重地进行处理。偶发事件往往伴随着学生的激动和冲动，在处理时应坚持做到冷处理。如果用强硬的办法处理，即使事件处理完了，但效果不好，甚至可能会使矛盾进一步激化。班主任应善于为学生着想，理解学生的感情特点，先给他们降降温，必要时给学生一个台阶下，使他们的自尊心免受伤害，在此前提下再给他们摆事实、讲道理，动之以情，晓之以理，以理服人。

总之，在教育教学中，偶发事件是不可避免的，也是难以预见的。班主任作为班集体的组织者和管理者，要不断提高自己处理偶发事件的能力，善于探究处理的方式方法，认真、慎重地处理好偶发事件，才能使班集体健康发展，促进学生全面发展，从而提高教育教学质量。

要依法治班，科学管理班级

依法治班就是在班上尽可能地推行民主管理，通过师生共同制定和遵守班规，形成一种新型的民主教育管理环境。在这种民主管理中，学生发挥主体作用，班主任只是遵守制度的成员之一，最大限度地体现了学生自主管理要求。

一、依法治班是新时代班级管理的必然趋势

依班规治班是民主管理、自主管理和依法管理在班级层面的生动体现，无论对于学生还是班主任都具有诸多益处。

首先，对于班主任来说，依法治班最大的好处就是让学生学会自治，学会民主管理，从而把班主任最大限度地解放出来，专心研究教育管理中的其他问题，避免成为学生的高级保姆。依法治班还减少了班主任与学生的正面冲突。在传统班级管理中，如果学生犯了错，班主任都要进行直接管理。学生会认为班主任总找自己麻烦，时间一长就会失去教育效果，或者对班主任产生抵触情绪。陶行知说："学生共同所立之法，比学校所立的更加易行，这种'法律'的力量更加深入人心。"由于班规是学生自己参与制定的，更加具有说服力，班主任只要一视同仁、照章办事就可以了，学生自然容易接受。

其次，对于学生来说，师生在制定班规时从学生实际出发，以学生为本，围绕利于学生成长的方向来共同参与制定。可以说，班规中留下自己意愿的痕迹，这样的班规执行起来更利于学生接受和信服。

最后，对于社会来说，依法治班最大的好处就是为国家培养一大批富有科学、民主、爱心和责任意识的公民，让他们从学生时代就认识到个人的权威

是不足信的，要建设一个和谐社会，需要养成人人按规则办事的好习惯。可以说，师生一起制定班规和遵守班规是一种民主、自治和法治的操练，有利于培养未来公民的民主、自治和法治素质。

简言之，依班规管理班级能够把班级管理得井井有条，是解放班主任、培养学生自我管理和自我约束能力的有效途径，是一种有效、科学的管理方式。这种管理过程有利于培养未来公民的民主、自治、自律和法治素质，又是一种成功的教育形式，是空洞、生硬地说教和灌输无法比拟的。

然而，好的形式还需要有好的内容才能真正发挥其应有的作用。只有科学、合理地制定出符合本班学生实际的班规，班规才能真正起到教育、督促学生的作用，否则就会形同虚设。

二、正确引导并科学合理地制定班规

班主任应充分考虑到班规制定的科学性、完整性、可操作性和有效性，充分调动全员参与，得到认同。这样有利于学生素质和自律自主能力的提高，不可随意制定几条限制学生，把学生完全置于被动地位。班级规定制定要注意以下几点：

1. 教育为主，处罚为辅

班规的语言表述应多用引导性、建设性的要求与措辞，使学生明白在日常学习生活中应该如何做，少用"不能"怎么做的负向词语。因为正面的词语在无形中向学生强化了正面行为，负向的词语极易使学生产生逆反心理。

2. 要有广泛的群众基础

班规的制定需要全班学生的民主参与，大家共同制定代表广大学生的根本利益，激发学生的主人翁精神，激发学生遵守和执行的自觉性，更加有利于班规的实施。

3. 要突出联系学生的实际

班规必须联系本班的特点，符合本班学生的实际，不可照搬照抄。而且班级管理本身就是一个动态的过程，班规在不同时期要根据实际情况的变化进行及时的补充或修改。

4. 要具有可操作性

对于不同的学生，需要采取不同的措施，而且措施要具有可操作性。如果把握不好学生的接受度，不能深刻地触及灵魂，班规对学生就会缺乏约束力。同时，班规中还应体现班级文化特色，体现人文关怀，这样才会使学生对班规有认同感。让学生感觉到班规不是用来"整人"的，而是具有教育意义的，只有这样才能让学生朝着我们希望的方向发展。

5. 保证班规的连续性

班规一旦制定出来，就要保证它的严肃性，不能朝令夕改，否则会使学生在规则面前无所适从，使班规失去权威性。

总之，班规制定的最终目的应该是促使学生养成良好的行为习惯，使学生能自我调节、自我约束、自我教育。当然，班规也不可能"包治百病"、一劳永逸。教育是一项复杂的事业，只有通过科学的管理方式，再加上足够的爱心和耐心，才能使班级管理更加和谐。

建立弹性管理制度

弹性管理是相对于制度化管理而言的，制度化管理模式强调的是各种制度、规范，原则性强。而弹性管理策略不仅不与制度化管理模式相违背，而且恰好以它为前提，强调以文化为纽带，以情感为基础，以理服人为手段，管理方式具有很大的灵活性。

一、班级组织建设、班干部选拔任用方面

在班级组织建设、班干部选拔任用方面，要多措并举、积极调动、民主参与、任人唯贤、唯才是用。学生的情感色彩比较浓厚，对班级事务有参与的欲望，渴望在班级中体现自己的价值。所以，班干部选拔任用与班委会组建要充分体现民主原则，集思广益。要把握时机，多元搭配，优化组合，通过任命、选举、轮换、差额竞岗等方式把真正优秀的学生和班级真正需要的学生选拔到班委会中来，为班级管理提供持续发展的人才"常青树"。

在班级组建之初，各方面还没有走上正轨，这时需要挑选一批各方面表现比较好、能力比较强、有一定号召力的学生，或在某方面有较突出能力的学生担任班干部。因此，班级成立之初不能由学生民主选举，可以先由班主任任命，此时的班委会也是一个临时性机构。经过一段时间的磨合以后，再由全班学生进行选举。其间，要在班主任的主导下有意识地开展各种活动，发现具有一定管理基础的学生，使全班学生有机会选择能力强、勇于负责的学生担任班干部。之后，采用不记名方式进行选举，在班主任指导下组成班委会，主持全班的经常性工作。当然，由于能力与机会因素，学生选举的班委会成员长期占

据班干部职位，会使其他学生失去锻炼的机会。为了实现大多数学生的愿望，还必须实行班干部轮换制。对于个别特别有管理能力、有服务意识的学生，可以分配到其他岗位任职，或者实行差额轮换，使班级管理建立在相对民主的基础上，增强管理实效。

二、学生习惯养成、优秀品格培养方面

在学生习惯养成、优秀品格培养上，要做到品学兼顾、正面引导、文化熏陶、情感激励、行为引领。教育就是培养习惯，就是塑造品格，就是解放心灵。这是教育的根本所在，也是班级管理取得成功的根本所在。为此，我们一要积极引导，沟通思想，引导学生德行相修、全面发展。班主任要对学生的行为和心理多做正面疏导，帮助他们找出产生问题的根源，然后予以纠正。要多与任课教师、家长、学生沟通，特别是要加强与学生的沟通，了解他们的具体情况，对他们的细微变化做到心中有数，增强育人的实效。二要倾入真情，文化熏陶。用更多的时间、精力、耐心和真情走近学生，了解他们的心理状况、生活和学习情况，让他们感受到班主任实实在在的亲切感，升华为他们不断向善、向前的动力。用精美的文化宝藏来滋养学生的心灵，在学生的心中播撒真善美的种子，开启他们热情的闸门，为他们积蓄人生发展的正能量。三要言传身教，行为引领。榜样的力量是无穷的，班主任的一言一行都会影响到学生。班主任要表里如一、言行一致、谨言慎行、敏言正行，用自己的行为影响学生，身体力行，要求学生做到的自己必须首先做到、做好，使学生不断受到潜移默化的教育，端其品，正其行。

三、后进生转化、心理健康教育方面

在后进生转化、心理健康教育上，要多管齐下、平等对待、优先关照、因材施教、点亮心灵。后进生转化是班级管理的难点，直接关系到班级教育水平和质量的提高。

1. 优先关怀、心理宽慰

由于种种原因，后进生往往有一种疑惧心理和对立情绪，对老师时时戒

备，处处设防。亲其师，才能信其道。只有消除师生之间情感障碍达到心理相容，后进生紧闭的心扉才能向老师敞开，要做到这一点，班主任就要给予他们更多的温暖、更多的爱，用班主任温暖的心不断地呵护融化他们自卑自弃的心理，点燃他们心中自尊和进取的火种，引导他们不断地进步。

2. 平等对待、尊重认可

后进生虽然缺点多，但他们同样希望得到同学的尊重和班主任的认可。因此，班主任要善于捕捉他们身上的闪光点，在他们取得进步、获得成功时及时肯定、衷心祝贺。后进生与其他学生做了同样的好事、取得同样的进步，班主任应同等对待，多多鼓励，借此增强其自尊心，确立其自信心。

3. 因材施教、循序渐进

班主任可以根据后进生不同的兴趣爱好、个性特征让他们参加各种感兴趣的有益活动。让他们的兴趣特长在活动中得以发挥，对其中的亮点进行弹性评价和发展性引导，使他们认识到自身价值，实现自我肯定。对他们提要求要经过慎重周密地考虑，循序渐进地提出，使他们每前进一步都能获得成功后的情感体验，在精神上得到满足，从而使他们更加满怀信心地去实现班主任提出的更高要求，扬起不断前进的风帆。

总之，在弹性管理下，班主任不仅是班级的管理者，更是学生的朋友。怎样把握好弹性的"度"，这就需要班主任必须具有较强的社交能力，在学生之间能够如鱼得水地引导；必须具有敏捷的洞察力，及时抓住学生心灵的火花；必须具有机智的大脑，时刻准备着，把握住每一次教育契机，拂去学生心灵的尘埃。

批评学生的艺术

一个人在成长的道路上出现错误在所难免，因此相应的批评就显得尤为重要。批评是班主任通过语言、行为劝导学生、影响学生的一种教育方法，对学生的错误、匮乏的思想行为给予否定性的评价，其根本的目的是触动学生的灵魂，引起学生对自己所犯错误的深层次反省，使学生扬起改正缺点和错误的风帆，提升他们明辨是非的能力，从而使其树立正确的价值观、人生观，迈入健康向上的人生轨道。

一、动之以情的批评

人是有感情的，所有批评都需要情感的滋润。倘若只是一味枯燥地说教，学生只会置若罔闻。精诚所至，金石为开。只有入情入理、因势利导、情理兼顾的批评语言才是苦口良药，如和煦春风温暖人心，使学生喜闻乐见。班主任的批评教育语言如以情感为载体，就会像钥匙，能开启学生的心灵之窗；像航灯，能照亮学生航行的方向；像细雨，能滋润净化学生的心田。

"硬攻不如软取。"风趣幽默、因势利导、动之以情的批评话语，能促使学生接受批评，是学生较容易接受的一种批评教育方式。

二、带表扬的批评

美国心理学家詹姆斯说："人性最本质的愿望就是希望得到别人的赞赏。"人类有一个共性，就是喜欢听溢美之词。学生更是如此，尤其屡屡犯错的学生，他们有倔强的个性，极盼老师表扬。倘若班主任喋喋不休地批评，让学生觉得自己一无是处，慢慢地形成自卑心理，做错了事也不愿意接受批评，渐渐地走向了极端。如果班主任能充分挖掘其闪光点，用包容代替训斥，采用委婉地批评，教育效果势必事半功倍。如几位学生互相讥笑、挖苦之后，同时找班主任主持正义。班主任耐心地听完他们的申诉后，可以向他们指出："你们这样做是不文明的，但你们主动找老师评理，说明你们懂得迷途知返，还是讲理之人，还想学好……"几位学生听了一定会备感惭愧，相互间主动地承认错误。这种带表扬的批评尤其适合有强烈自尊心的学生。

三、无声胜有声的批评

经常违反纪律的学生大都是聪明伶俐但又调皮的学生，他们违纪有时仅仅是好玩或者是想引起注意。所以，班主任遇事要冷静分析、深思熟虑，切忌不假思索、妄下结论地指责学生或滔滔不绝地说理，这样会刺激学生敏感的心灵，使学生产生更大的逆反心理。相反，如果班主任相机行事，采用沉默的方法来冷处理，然后抽丝剥茧，找出问题的关键，全面分析，辩证处理，使用恰当、艺术的教育方法，既维护了学生的自尊，又避免师生产生对立的情绪，从而刺穿学生心理防卫的盾牌，使学生捉摸不透班主任的心理，背上了思想包袱而主动找机会向班主任承认错误。有时对待违纪学生采用"无声胜有声"的教育方法，远比常规教育方法收效大，能达到事半功倍的教育效果。

四、对比式的批评

对比式批评是借助某些客观形象，运用正反对比的方式进行批评，使被批评者感到客观上的某种压力，从而对自己的缺点和错误有所认知。这种方式适用于经历浅、自我觉悟和自我意识稍差、易感化的学生。如在课堂上，有学生精神涣散，不专心听讲，班主任不必大动肝火、怒目圆睁地批评他，可适当转移对象，对另一位认真听讲的学生大加表扬。开小差的学生听了，就会下意识地改正，把发散的思维重新集中。这种寓贬于褒的对比式批评既保护了学生的自尊心，又易于让学生接受，教育效果也很理想。

五、巧设台阶,善于诱导

美国西点军校有句格言:"没有任何借口。"这是西点军校取得成功的重要原因之一。而人在犯错误时往往找借口来掩饰自己的错误,为自己开脱,使自己的心理压力得以释放,从而走出尴尬之境。若这种开脱方式是由他人所提供的,即下台阶是由他人所铺设的,其效果远胜于自我解脱。学生正处于长身体、长知识的阶段,如做错了事,班主任应从维护其自尊心、培养其自信心的角度出发,在教育过程中为他们巧设台阶,引导他们改正缺点,有时能收到意想不到的效果。为学生巧设台阶循循善诱的教育方法收到的效果是立竿见影的。给学生巧设台阶,并不意味着对学生犯错充耳不闻、妥协退让,而是用更巧妙的手段,在维护学生自尊的前提下触动学生的神经,引发学生自主化解矛盾、走出困境,从而踔厉风发、昂首阔步地前进。

总之,教无定法,批评的方法多种多样。学生是活生生的人,性格各不相同,班主任在批评学生时一定要深思熟虑,要因人而异,采取恰当的方法,以一种艺术的方式表达出来,这样便能使受教育者如沐春风、若尝甘醴,使灵与感都得到升华。

第六辑

『放』

——适当放手，增强主动

班级管理艺术：适时地"放"

叶圣陶曾说："扶孩子走路，虽小心扶持，而时时不忘放手也。"班主任对学生扶持与放手的选择更多的是从自我管理方面的角度出发，取"管"而舍"放"，于是学生慢慢地学乖了、明理了。殊不知，整齐划一的背后却是一个个墨守成规、人云亦云的小大人。因此，班主任在管理学生的时候，要学会适时地"放"。

一、鼓励式地"放"

教育上有一条简单而明智的真理：你向学生提出一条禁律，就应当同样提出十条鼓励——鼓励他们积极从事各种活动。如教育学生不许破坏花草树木可改为："美丽而易伤的花草是我们的朋友，她缤纷了我们的眼、丰富了我们的心、美化了校园，让我们一起去关心她、照顾她吧！"的确，压制中的执行只是一时的成效，而鼓励中的约束却是一种潜移默化的自觉行为。

二、宽容式地"放"

赞可夫说："教师这门职业要求一个人的东西很多，其中一条要求就是自制！在你吼叫之前，先忍耐几秒钟，想一下你是教师，这样会帮助你压抑一下当时就要发作的脾气，转而心平气和地跟学生谈话。"因此，当班主任发现常规扣分表的分数很低，很想发火的时候，看看学生那无辜的眼神，不如心平气和地说："百密总有一疏，相信你们经历失败之后也能获得鲜红的旗帜，风雨之后才会有彩虹，对吗？"甜蜜的宽容会让学生燃起新的希望，并带着这份希望翱翔在更高的天空，编织着更美的梦……

三、多样性地"放"

活动的丰富多样会吸引学生的眼球与兴趣，因此要鼓励学生参加学校各项活动。"环保小卫士"的争创提高了学生的环保意识和对学校环境的热爱，"爱心天使"的称号净化了学生的心灵，"一日班长"的活动增强了学生的集体意识。当学生在一次次的活动中体验到丰收的甜蜜，他们的积极性更高了。这时，我们还需管得太"紧"吗？

以上所说的"放"，是指班主任在把握班级基本情况、把握学生身心特征的前提下，根据学生的心理需要设计班级工作，充分尊重学生的需要、愿望，给学生以表现个性的机会，从而激发、激活学生自我接受教育的能动性。

总之，学生通过"放"，心里高兴了，压力减轻了，思维活跃了，学习自觉了，思想进步了；班主任通过"放"，负担不重了，事情减少了，管理少费力了，工作轻松地做好了。

把班级还给学生

苏霍姆林斯基说："真正的教育是自我教育。"班主任应该给学生提供一个自主管理、自主教育的机会，让学生自我成长。让学生自己主动参与到班级管理中去，实现学生的自主管理。

一、确立班级属于每个学生的观念

现代教育观要求学校教育必须以人为本，重视人的自我发展和完善。"班级自主管理"就是通过班主任的指导，学生实现对班级的自治。班级自主管理的主体是学生。过去，班主任往往不敢放手让学生自己管理自己，或把"权力"交给少数能力较强的班干部。这使多数学生缺乏主人翁意识和集体荣誉感，常常出现违纪现象，给班级管理带来一定的困难。事实上，学生一般都具有自治倾向和自主意识，具有交往、合作和思考问题的能力。一旦他们能真正参与管理，班级的发展将获得强大的动力。班主任可根据学生在班级中维护班级纪律、遵守班级规章、参与班级活动的自觉水平，进一步培养学生的自主管理意识，加大宣传力度，强化学生强烈的内在价值体验，让人人都有参与班级管理的想法，为自主管理奠定坚实的思想基础。学生自治和直接参与班级教育教学管理的探索，不仅是加快学校民主化管理进程、提高班级管理效益的重要手段，更是一种提升学生自主教育、培养合格公民的德育策略。班主任、任课教师要转变观念，大胆放手，切实让学生成为班级的主人。

二、建立一支负责能干的班干部队伍

班主任要因势利导，使班级形成有序的管理网络。在学生自主管理中，班干部责任应明确，如由体委负责进出楼的纪律，值日组长负责每天值日工作的评比，有的负责课前准备，有的负责课间站排……只要是跟原则相关的都有人去监督。

三、及时监督与自我客观评价

有了好的纪律原则之后，监督也要及时。每天晚上我都会利用放学前的几分钟时间，依次让学生把自己今天监督到的结果公布出来，同时我也把我看到的问题提出来。学生根据自己一天的表现，对自己进行客观的评价。

四、开展各种有益健康的集体活动

心理学研究表明："一个集体若没有丰富的集体活动，必然死气沉沉、缺乏活力，这将有碍于班集体的健康发展。"所以，我们班在参加学校的集体活动之外，还在大课间的时候玩"贴人游戏"，组织辩论比赛等活动，学生都非常喜欢参加。这些活动调动了学生的积极性，使班级气氛活跃，有利于良好班集体的形成。

通过以上各方面，强化学生良好习惯的养成。维果茨基认为，学生是教育过程的主体。他指出："教育应该是这样来组织，以便不是有人来教育学生，而是学生在自己教育自己。"只要学生养成自觉遵守纪律的好习惯，再使学生人人有事做、事事有人管，培养每一名学生都有为班级的争荣誉、争光荣的思想。这样，民主意识得到增强，因而焕发出管理的积极性和对班级的责任感。事实证明，学生的自主管理体现得越充分，积极性就越高，班风、学风就越好。

让学生展开想象的翅膀

想象力是人们在已有知觉材料的基础上，运用经验加工创造形成新的知觉材料的心理过程。它是创新思维的基础，是发明创造的源泉。因此，爱因斯坦说："想象力比知识更重要，因为知识是有限的，而想象力是无限的，它能概括世界的一切，推动着进步，并且是知识进化的源泉。"

新课改以来，对学生想象力的培养日益受到重视。从《基础教育课程改革纲要（试行）》的"新课程的培养目标特别强调培养学生的两种能力——创新精神和实践能力"，到《中共中央国务院关于深化教育改革全面推进素质教育的决定》中要求教师在智育工作中激发学生的独立思考能力和想象力，想象力已经成为大家所公认的学生应具备的核心素养之一。但一直以来，我们都将想象力培养的重心放在智育课堂上，认为科学、文学、艺术等智育领域才是培养学生想象力的主阵地，而忽略了德育对学生想象力培养的重要性。

其实，德育不仅可以在想象力培养上发挥重要的作用，而且具有智育课堂所不具备的得天独厚的优势。德育的范围覆盖了学生在校学习生活的所有时空，即学生学习生活的全部，而想象力的最主要发源地就来自于生活本身，这是德育所具备的其他所有分科教学的学科所不具备的独特优势。

作为一名班主任，怎样才能培养学生的想象力呢？班主任应确立三种意识，树立三个观念，坚持三种做法，只有这样才能较好地在班级管理中培养学生的想象力。

一、确立三种意识是培养学生想象力的前提

1. 位置意识

班主任在班级管理中不仅要把自己看成管理者，还应把自己看成被管理者。班主任在尊重学生的基础上发挥主要作用，指导学生的学习和集体工作，善于听取学生的呼声，体现学生的需要，才能促使学生积极思维。而积极思维是培养学生想象力的前提条件。

2. 参与意识

在确立位置意识的基础上，班主任还应确立参与意识，即以管理者和被管理者的身份，积极、主动、平等地参与班级的各项活动。只有积极、主动、平等地参与活动，班主任才能真正体验班级活动的成功与不足，才能全面感知学生的兴奋点、闪光点和德育工作的盲点。只有抓住学生的兴奋点、闪光点，才能在各项活动中激发学生的参与欲望，营造勇于创新的氛围，才能使学生有所发现、有所创新。同时，班主任在参与过程中可科学地驾驭各项活动，完善学生各种欠成熟的思路或做法，为学生想象力的培养提供智力支持。

3. 竞争意识

竞争意识是想象力的先决条件。班主任只有具备较强的竞争意识，才能永不满足、锐意进取、推陈出新。班主任应有意识地运用竞争机制，使学生在潜移默化中学会竞争，进而学会创新。例如，我班每周有一个下午是竞赛时间。学生喜欢竞赛，即使是任何奖品都没有的竞赛，比起来也热火朝天。儿童、少年、青年都有一种争强好胜的向上心理，这是一种心理优势，也是班主任可以调动发挥的有利因素。

二、树立三个观念是培养学生想象力的基础

1. 教育观念

班主任应从学生的认知水平出发，树立教育观念，帮助学生多角度、多层次地认识事物、分析问题，激发学生进取的欲望，为其想象力的培养奠定基础。如对男女生交往过度的种种危害，并把这一现象视为"早恋"。如果换一

种思维方式处理此事，会收到意想不到的效果。即鼓励男女生交往，强调相互交往的好处，并在班级开展的各项活动中为其创造交往的条件，但应巧妙地限制其单独交往。学生在这种宽松的环境中相互交往，会使对异性神秘感逐渐消失而代之以真挚的友谊，有效地消除学生的逆反心理。

2. 发展观念

班主任应站在时代高度，及时向学生传递各种先进信息，使学生的一言一行、一举一动都充满时代气息，都能体现新时期学生的风貌。否则，我们培养的学生将是墨守成规、故步自封的一代。如果每次活动内容都大致相同，会使学生感到枯燥、乏味，久而久之会导致学生失去参与的热情。如果我们能合理把握各类活动与学生日常学习、生活的衔接点和切入点，给传统的德育活动赋予强烈的时代气息，便会激发学生的参与热情，使学生在传统活动中有所创新、有所收获。

3. 持久观念

班主任必须树立持久观念，把培养学生的想象力当成一项长期、艰巨的任务来抓。首先，要营造培养学生想象力的氛围，为想象力的萌发创造有利的外部环境；其次，要使每项班级活动充满生机、充满新意，使学生在参与中感受创新的喜悦，感觉创新的魅力；最后，要有计划、有目的地安排各项活动，使各项活动既有区别又有一定的内在联系，为学生的不断创新提供科学的思维方式。

三、坚持三种做法是培养学生想象力的保障

1. 班级的各项活动以实话实说为基点

由于某些教育模式的僵化，使多数学生在参与班级活动时习惯用一种固定的模式作为评价事物的尺度，即习惯了说套话、空话、假话。只有让学生在各项活动中坚持实话实说、畅所欲言，才能使学生有所思、有所感、有所忆。只有启动了学生的思维，才能迸发出智慧的火花，才能使学生有所建树、有所创造。班主任在每次搞完活动后，都应让学生针对这次活动实话实说，谈自己的看法、认识、感受、建议。这样，班主任不仅了解学生的真情实感，也能及时

调整不符合学生认知水平的一些做法，同时也为学生发表自己的见解、表达自己的创意提供了机会，这是培养学生想象力的重要一环。

2. 班级的各项活动以体现时代特征为目标

培养学生的想象力必须体现时代特征，如对学生参加社会实践活动的认识。以往我们通常组织学生到敬老院、街道等场所进行力所能及的义务劳动，其目的是教育学生学会关心他人，培养劳动观念。通过对学生的调查了解到，多数学生视其为负担，是在不情愿的状态下完成的，因而难以达到预期目的。在市场经济不断发展的今天，如果我们把义务劳动改为有偿劳动，并由学生自己组织和安排，如利用课余或假期组织学生卖报纸，到跳蚤市场有偿劳动，既可让学生感受劳动的艰辛和收获的喜悦，也体验了生活，受到了锻炼。同时，我们还可以通过对劳动报酬的再分析，引导学生珍惜劳动成果，孝敬父母，关心他人。

3. 班级的各项活动以推陈出新为手段

培养学生的想象力就在于不断地推陈出新。没有推陈出新，世界就不会日新月异。学生只有生活在充满新意的环境中，才能有所发明、有所创造、有所作为。这就要求班主任要精心设计每一次活动，精心组织每次活动，使班级各项活动呈螺旋上升趋势，永远给学生以启迪、智慧和希望，使学生永不满足，勇创佳绩。

总之，世界上不会有两片完全相同的叶子，在这个世界上也不会有两个完全相同的人。面对形形色色充满个性的学生，我们必须用爱心、耐心、恒心去教育。陶行知说："让我们解放眼睛，扔掉有色眼镜，要看事实、看未来；解放头脑，撕掉精神的裹头巾，要想得通、想得远；解放嘴巴，享受言论自由，谈天、谈地，谈出真理来；解放双手，甩去无形的手套，大胆操作，向前开辟；解放空间，把学生从文化的鸟笼里解放出来，飞向大自然、大社会，去寻觅，去捕捉。"班主任要勇于发掘学生的创新潜能，弘扬学生的主体精神，促进学生个性和谐的发展，努力培养创新型人才。

让每个学生都成为班级管理者

班级作为学校管理的基本单位，也是一个小集体，班级管理工作起着举足轻重的作用。有良好的管理，事情就有头绪，班集体才会像一个机器健康而有序地运转。班主任应改变观念，转换自己的角色，淡化"管理者"意识，一定要有敢于让学生去摸索的意识，让更多的学生在集体中承担责任。这样不仅可以增强学生的集体意识和班级凝聚力，而且可以让学生获得班级管理的积极体验，从而激发学生主动参与班级管理的积极性，并从管理者的角色中学会管理他人，学会自我管理。对于每一个学生来说，他们都希望自己受到信任，渴望自己的长处得到展示，得到同学们的认可，渴望自己获得成功，品尝到成功后的喜悦。在班级管理中给学生机会和条件，让他们成为管理班级的主人，让学生"在水中学会游泳"，班主任要大胆放手，为学生们提供大量独当一面、大显身手的机会。即使学生在工作中遭到挫折，也是对他们必要的锻炼。学生的个性与潜能一旦发挥释放出来，其工作热情与创造精神往往会使班主任惊叹。

一、参与制定班规，激发自主意识

学生自主管理不仅是管理班级、管理同学，更重要的是学生自己管理自己。前一种能力是工作能力，后一种能力是自我约束能力。

著名教育家斯宾塞说过这样一句话："记住，你的管教目的应该是养成一个能够自治的人，而不是一个要让人来管理的人。"陶行知在《学生自治问题之研究》中也具体谈到自治的四点好处："第一，学生自治可以为修身伦理的实验；第二，学生自治能适应学生之需要；第三，学生自治能辅助风纪之进步；第四，学生自治能促进学生经验发展。结合班级学生的实际情况，采取以法治班的做法。"具体操作如下：首先，明确班规的意义，先向学生讲述班规的可操作性、互制性、灵活性；其次，全体学生参与，让每个人都成为"立法者"，比如通过学生周记《假如我是班主任》征集"金点子"，然后确定班规，使学生觉得这不是老师在管自己，而是自己对自己的约束，具有很强的针对性和实效性；再者，班规面前人人平等，充分发挥班规的作用。这样既体现了学生的民主参与，又调动了学生的积极性，实现起来效果还不错。

二、健全班级组织机构，坚持自我管理

许多人说班级难于管理，其原因是学生被动地接受管理，使其缺乏主人翁意识。若能让所有学生都能体验到作为班级主人的责任，意识到自己是集体中不可缺少的一员，情形就大不一样了。要想调动全体学生的积极性，就必须让学生全体参与，构建全方位、多层面的集体自我管理机构，体现管理的主体性。

1. 组建责任心强的常务班委

让学生主动参与班集体管理，班主任不必事事躬亲，建立一支责任心强、素质高、工作胆大的班干部队伍是必不可少的。因为他们是班集体的核心，是凝聚班集体的纽带。有了一支强有力的班干部队伍，班级管理就成功了一半。具体做法如下：采取学生民主选举班委会、班委会民主选举班长的做法，然后由班长组织班委会，制定班干部工作的责任目标和职权范围，向全班公布，由全班同学讨论通过。班干部在开展工作中由全班同学负责监督和评价，班级的一切日常管理全部由班干部负责。而此时，班主任是不插手的，只作为班干部的坚强后盾。

2."轮流执政"的值周班长

一个班级需要一个相对稳定的班干部组织，可这个组织不能静止不变，这样不利于学生的全面发展，应为每个学生提供当干部的锻炼机会。

值周班长是经民主推选产生的临时班长，每六位学生一组，自由结合，组成一届临时班委，负责本周班级的日常事务。其中一位同学总负责，任值周班

长，其余五位学生分工负责。这种形式为每一名学生提供了参与班级自我管理的机会和条件，锻炼了学生的能力，增强了学生的自我约束力和主人翁意识。

3. 灵活多样的自治小组

班级除常务班委，还有"轮流执政"的值周班长小组，形成了一个有层次的管理网络。而要建设能让每名学生都能发挥主体作用的班级自我管理机构，就必须根据本班学生的实际，组织和建立多样化的自主自治小组，如学习督导组、纪律监察组、卫生监督组等。这些小组吸收了全体学生参加，每个小组各不相同，每名学生有自由选择的权利，从而使全班学生人人有责任、个个担担子，既是管理者、参与者，又是被管理者、合作者，做到"事事有人管、人人有事管、人人有人管、人人能管人"。管理与被管理相结合，提高了每一个学生对班级管理的参与度，使他们能在集体中找到自己的位置，感受到自己的责任，也大大激发了他们的主人翁意识和责任意识，不仅能管别人，而且能自觉地管理自己。这些以学生为主体的自我管理手段，增强了学生的使命感、责任感和信任感，提高了班级的工作效率。

三、开展各项有益活动，实现自我发展

心理学研究表明："一个集体若没有丰富的集体活动，必然死气沉沉、缺乏活力，这将有碍于班集体的健康发展。"要想让班集体充满生机活力，最重要的是组织学生开展各项有益的活动。况且小学生有强烈的表现欲，他们希望通过自身的表现来展示能力和才华，获得认可与成功。如何引导使他们向健康的方向发展是班级工作的重点。班级可结合重大节日、纪念日和国内外大事，相应开展演讲赛、辩论赛、文体活动、社会实践等各种有助于学生全面发展的健康活动，让每一个学生都有展示自我的机会，让每个学生都成为班级工作的参与者、主持者和实施者。比如"三八"妇女节，举行"只要妈妈露笑脸"的作文竞赛；"五一"劳动节举行"今天你休息"的班级晚会；清明节举行"接过先烈的旗帜"的扫墓活动；"十一"国庆节举行"我爱你，祖国妈妈"诗歌朗诵会，等等。在这些活动中，班主任扮演着导演、倡导者和指导者的角色，彻底抛弃保姆式管理的做法，充分相信学生、尊重学生、依靠学生，大胆地放

手，让学生去实践。

五、发挥示范教育的作用，探索自我评价

常务班委和值周班委成员是班级的骨干分子，他们的示范服务是一种无声的管理、无形的激励，正是这种无声无形的管理和激励使一种积极、健康、向上、有声有形的班风蔚然形成。在这种风气中，班级管理工作通过一种示范激励的方式使学生将自己与他人之间、自己与制度之间、自己与自己之间进行比较、对照，从而引导学生自我评价、自我修正、自我管理、自我教育。

开展小组竞争，增强班级活力

小组合作竞争学习使每一个参与者不仅充分表现自我，而且在与他人的相处中学会接受他人、欣赏他人、取长补短。在评价他人的同时，也接受他人的评价，有利于形成正确的评价观，培养良好的心理品质。

一、平衡分组

每个小组的成员分配必须考虑到以下几个因素：

（1）需要文理搭配，每个组都需要有文科生和理科生各一名，这样才能带动小组成员均衡学习。

（2）需要搭配不同学习层次的学生，即A、B、C段的学生，让优生带动中等生、中等生带动后进生。

（3）在分组时，各个组之间尽量平衡，势均力敌，便于竞争。如果分组时有的组太强势，有的组太弱势，都不利于以后的小组竞争。

二、树立本组目标

在分组完成后，让每个组的成员设计本组的目标、口号，完成本组成员基本情况表，包括每个成员的爱好特长、上期末的考试成绩、本期的学习目标等。每个组把本组的目标、口号设计好后，写在一张彩色纸上，然后贴在班级的墙上。比如班上有六个组，六张彩纸代表六个组，中间写着班级口号，让六个组齐心协力，共创佳绩！

三、选择好组长

每个组中都需要一个"领头羊"，这个"领头羊"的作用十分关键。他的作用在于带领整个小组的成员朝着目标前进，并协调好组内组外的事情。这个组长的人选需要有良好的成绩、较高的责任心、强烈的班集体荣誉感和比较好的人际关系。组长选择好后还需要培训，而且需要不定期的培训。

四、小组激励机制

在分好小组、确定好组长、制订好小组目标后，就需要一套较为完善的小组激励机制，这套激励机制对小组竞争起着促进的作用。比如，可以让每个组长手中有一张小组成员表，上面以表格的形式记录着每个小组成员在每周纪律、学习、卫生等方面的表现。每两周评选一次小组最佳组员和落后组员，由学生自己管理的班级费用来对最佳组员进行奖励，而落后组员则需要由最佳组员安排一项体育运动让他做。把每周的结果在班级的小组大比拼栏上公示出来，对每个组成员加以勉励！

此外，在值周班长那儿有一张每个组的总表，记录着每个组每周的情况，其中包括卫生情况、违纪情况、学习情况等。每个小组成员的违纪情况都会记录在本组的情况上，每两个星期评出优秀小组和落后小组，及时通报在小组大比拼栏上。及时对优秀小组进行奖励，对落后小组组长进行教育，对落后小组的每个成员进行体育运动惩罚。不管是奖励方式还是惩罚方式都必须不时变换，让学生觉得新鲜，这样才能使这个激励机制得到延续。

五、客观评价，激励竞争

中学生的心理特点决定了他们非常重视别人对自己的评价。因此，评价对于提高学生的合作意识、提升小组合作水平有着重要的激励加强作用。结合奖惩方式，有效地强化了小组的集体荣誉感；展示交流环节给了学生自我分析问题、总结经验、取长补短、互相促进的机会；纪律组长负责组员监督制，实现了同学互评，甚至比班主任评价更有效地强化了纪律。当然，评价的进行需要在班主任的指导下进行，避免同学间出现为了突出自己贬低对方而进行语言的人身攻击等现象。因此，班主任应把握好评价的方向，多鼓励少批评，抱着互相学习的态度引导同学、师生间的评价。

总之，小组合作竞争不仅让学生积极进取、自由探索，而且培养创新意识和实践能力，同时充分发挥班主任的主导作用，让课堂变得有趣、轻松，充满了活力。采用合作学习的学习方式，其立足点不是要否定教学传统，而是对教学传统进行一种补充、改进，进而改善教学现状，改变传统教学系统中师生之间单向或双向的交流模式，形成师生、同学之间全方位、多层次、多角度的交流模式。使小组中每个人都有机会发表自己的观点与看法，也乐于倾听他人的意见。使学生感受到学习是一件愉快的事情，从而满足了学生的心理需要，充分开发了学生的情感资源，促进学生智力因素和非智力因素的和谐发展，最终达到使学生学会、会学、乐学的目标，进而有效提高教学质量。

让班级管理更加科学、民主

班级管理的最高目标就是建设一个优秀的班集体，营造一个学风优良、班风端正、蓬勃向上的良好环境，让集体中的每个成员都能得到正确的引导和充分的成长。这不仅需要班主任具有强烈的事业心与责任感，更需要班主任具备一定的组织管理能力以及民主、科学的管理方法。

一、强化学生的自主管理意识

要让学生自己管理班级，必须让学生从思想上认清自己的地位和作用，这需要班主任的指导。

首先，班主任要对学生进行自主管理意义的引导性教育。学生自主管理班级必须要让每一个学生在生活、学习中养成自主习惯，也就是自律意识。引导学生制订自己的学习计划和活动安排，告诉学生自己的事情自己做主，只能把班主任当作"军师"，遇到问题可以参考班主任的意见。

其次，班主任要引导学生正确认识个人、同学与班集体的关系。这一点在开学之初可通过班会活动来解决，活动中由同学间互相写出自己心中同学的形象，可以写同学的优点、缺点以及建议其改变的方法。通过这次活动，每名学生都能了解了自己在同学心中的形象，还让学生认识到了自己是班级的一分子，都有责任为班级管理出谋划策，树立"班荣我荣"的信念。

二、选拔、培养、使用班干部

要使班级的整体目标、工作计划得到落实，班主任的工作得到学生的认可和拥护，就必须民主选拔、认真培养和大胆使用班干部，让他们发挥桥梁和纽带的作用，真正成为班主任的得力助手。实践证明，在民主选举的基础上，经过班主任的优化组合而产生的班委会，得到了同学的信任和拥护，具有较强的凝聚力。另外，班主任对班干部不能只是使用，还应该进行教育和培养。我经常教育学生要树立为集体服务的光荣感和责任感，要求他们努力学习、团结同学、以身作则，鼓励他们既要大胆工作，又要严格要求自己，注意工作方法。当然，班干部毕竟不是完人，因此对他们不能过分苛求、指责，特别是他们在工作中出现失误的时候。班主任对班委会的工作要经常检查，而且要给予具体的指导和帮助，既不能包办代替，也不能把班上的工作全部推给班干部。我还坚持定期召开班干部会议，组织他们学会制订计划及完善具体措施，检查落实情况，总结得失，并加以改进。教会他们如何分辨是非，及时阻止同学中的不良行为。而对于班干部的不良行为，我也决不姑息，鼓励他们以身作则并带动其他同学，促进整个班级的管理工作。

三、把班会活动权交给学生

班会要定时、定事，就是每周的班会时间绝对不能被其他课或活动占用，让学生认识到班会是一节十分重要的课。班会的主题也要有较强的针对性，结合学生的实际情况选择容易引起学生兴趣的主题，这样才能激发学生讨论、思考和辩论的热情。同时要充分发挥学生参与的积极性，最好整个过程让学生参与组织、实施。主题班会主要是让学生达到"自我教育"的目的，如果能让他们参与整个过程，会达到更好的教育效果。例如，在一节名为"遇到困难怎么办"的主题班会上，班会前先由学生自编、自导、自演一些活动，内容都是学生在日常生活中经常遇到的困难，然后由班委组织全班同学讨论怎样面对这些困难。由于整个班会过程由始至终都有学生的参与，班主任只在其中起到指导、点拨的作用，学生在之前已投入了时间、精力，在班中已形成一股讨论的热潮，所以在课堂上几乎全体学生都积极地发表了自己的见解，并在最后形成了一个共识：要勇于面对困难，客观分析，冷静思考，或请教别人，找出解决问题的方法。

四、小组量化是管理班级的保障

为了更好地管理班级，班主任可以把学习、纪律、卫生、公物等任务责任到人，使班级人人有事做、事事有人做。比如，将学生每6人划分成一个小组，按不同成绩、男女生搭配，合理划分，对各组的学习、纪律、卫生、公物4个方面进行量化评比，组内合作，组间竞争。通过小组之间的评比竞争，班级不学习的学生少了，成绩好的学生会主动帮助成绩差一点儿的学生，哪组都不肯落后，班级的卫生明显好转，也没有随意破坏公物的现象了。总之，通过小组的量化评比形成了小组竞争，班级班风更正、学风更浓了。

班主任工作像一个规模宏大的工程，需要做实、做细，持之以恒。只要班主任充满爱心，关心和爱护学生，并严格地要求和教育他们，做到爱中有严、严中有爱、爱严结合、细致入微，就一定会达到令人满意的效果。"抓在细微处，落在实效中。"班主任工作只有真正做到科学和民主管理，才能使班级成为一个优秀的班集体。

促进学生个体发展

课堂教学是一个集体教学的过程，作为学习的主体——学生却在各方面的身心发展上存在着不均衡，这就要求任课教师在课堂的集体教学中必须关注学生个体的不均衡，尊重个体，并以此作为实施教学的依据。课堂教学需要面向全体学生，但更要关注个体差异而施行因材施教，才能促进每个学生的全面发展。

一、从教学设计上关注学生差异

任课教师在备课中不仅要备教材、备教法，更重要的是要备学生。也就是说，既要注意学生的"共同点"，又要十分关注、研究学生的"特殊性"，根据学生的这一差异确定学习目标，选择教学方法，以保证绝大多数学生能完成课程学习目标，让每个学生都能体验到学习的成功和乐趣，满足学生的身心发展。任课教师站在这样的角度，根据学生已有的经验和知识水平，充分预想学生可能会出现的各种情况，寻找相应的教学策略和教学方法。

二、从教学过程关注学生差异

让不同的学生在学习上得到不同的发展。在课堂教学中，任课教师必须考虑到学生的个体差异。任课教师虽然在教学设计时已经预想到了学生的差异，但由于学生学习情况和学习过程动态生成的特点，必然会有一些情况在任课教师的预料之外。这就需要任课教师有一定的教学机智，根据学生差异的客观现实来组织教学，只有这样才能有利于教学方式的转变，有利于教学水平的提高。

三、从学习方式上尊重学生差异

尊重学生独立思考，就是要承认学生的个体差异，允许不同的学生采用不同的学习方法。课堂上让学生畅所欲言，把自己的想法毫无顾忌地说出来，并认同学生的合理想法。这样，不同学生的知识水平和学习能力都可以在原有的基础上获得相应的发展。

四、从练习设计上依据学生差异

设计练习时，任课教师要充分考虑学生的差异，设计练习要有层次，力求让所有的学生通过努力都能完成练习，而不会带来过大的压力。增强学生学习的信心，使不同水平的学生都有收获，得到有差异的发展。

五、从教学评价上承认学生差异

任课教师评价学生不能单纯地以考虑成绩为指标，要从多方面去考查学生。既要考查学生知识、技能掌握的情况，又要考查学生独立思考的能力、分析解决问题的能力以及动手操作的能力等。评价中要重视学生学习态度的转变，重视学习过程和体验情况，重视方法和技能的掌握，重视学生之间的交流与合作，重视动手实践与解决问题的能力，归根结底是重视学生各种素质尤其是创新精神和实践能力的发展状况。

总之，关注学生个体差异，"满足不同学生的学习需要，创设能引导学生主动参与的教育环境，激发学生学习的积极性，培养学生掌握和运用知识的态度和能力，使每个学生都能得到充分的发展"。新课改的教学理念要求能够关注每名学生的发展和进步，任课教师理当根据学生个体的具体情况因材施教，并做好发展性评价，要本着让学生"能飞的飞，能跑的跑，能走的走，不能走的推一把"的思想，对不同的学生有不同的"成功"标准。坚持每名学生都要发展，但不求一个样子的发展；每名学生都要提高，但不是同步提高；每名学生都要合格，但不必规格相同。多鼓励，少批评，使学生产生自我超越意识，充分发挥他们的学习潜能，以达到全面发展的目标。

培养和利用班干部的艺术

班主任对自己精心挑选的班干部不能只是使用，还需对其进行相应的培养教育。虽然有些学生在某些方面有能力，但班里的很多工作他们还是不懂该怎样开展，不懂该如何操作，这就需要班主任对他们进行培养。所以，选定并公布了班干部的名单后，就要立刻召开班干部会议，对他们的工作进行分配，明确各人的职责，并教给他们一些工作的技巧。班干部在摸索中不断地成长，经验越来越丰富，管理的艺术就会不断提高。

一、严格要求

孔子曰："其身正，不令而行，其身不正，虽令不从。"这就要求班干部自觉自律，以身作则，处处以更高的标准来要求自己，以自己的行为赢得同学的信任，起模范带头作用，接受同学监督，达到人人平等、和谐共处。当班干部的学习成绩进步了，工作表现突出，班主任要对他们的付出给予充分的肯定和鼓励。同样地，如果班干部违纪了，也绝不能偏袒，而应该按照班规公平处理，做到班规面前人人平等。但应注意，不在全班同学面前说任何打击班干部威信的话。同时，对于班干部的培养，应经常教育他们树立为集体服务的光荣感和责任感，要求他们团结同学，以身作则，鼓励他们既要大胆工作，又要严格执"法"，注意工作方法。

二、不苛求和指责

人无完人，班干部也一样。因此，对他们不能过分苛求、指责，特别是在工作出现失误的时候。例如，负责纪律督促检查的班干部起初对自己的工作可能不太满意，每天只是简单地把那些在自习课讲话的同学以及班级其他违纪情况告诉班主任。为此，班主任可反复向他们讲清楚纪律工作与学习效率的内在联系，同时找出这项工作的要点，让他们重新怀着满腔的热情投入工作，相信他们会做得更好。

三、定期交流

对于班干部的培养，还应坚持定期召开班干部会议，就某个阶段的班级情况进行总结交流，制订下一阶段的工作计划以及具体措施，并不断进行责任感和荣誉感教育，鼓励他们以身作则，为促进形成一个团结奋进、集体荣誉感强、积极上进的班级而努力。

四、发掘潜力

班主任要善于发掘班干部的潜力，充分发挥班干部的作用。有些班干部刚开始还没有发挥真正的作用，作为班主任就要善于引导他们，挖掘出他们的潜能，并充分地利用好。比如，安排宣传委员负责宣传工作，可平时没有什么具体的工作可做，但班主任知道她很会画画，组织能力也较强，于是就安排她组织几个同学在教室后面的黑板上出一期宣传青春知识的板报。她立刻组织了一个板报小组，并给每人分好了工：谁负责版面设计、谁负责排版、谁负责写字、谁负责画画等，安排得井井有条，每个同学都听从她的指挥，各司其职，两天的时间就出好了一期高质量的板报。其实，每个人的身上都有潜能，只是要善于发现并挖掘出来充分利用，对班干部尤其如此。

总之，一个好的班主任不仅要重视班干部的培养，还要善于培养班干部，让学生来管理学生，把班主任从烦琐的工作中解放出来，不必事事躬亲。这样，班主任管理班级才不会太吃力，才可以把更多的时间和精力放在教学的钻研上。

引导学生自我管理

创建一个良好的班集体，培育学生的完整人格，这是班主任肩上责无旁贷的重任。但班主任在有效地进行班级管理的过程中，不能仅靠一个或几个人严格管理，关键是要教育和指导学生学会自我管理，使每名学生做到既是管理的对象，又是管理的主体，达到"管是为了不管"的目的。班主任除了要锻炼自己的班级管理能力外，还应善于引导学生进行自我管理。

一、班级管理离不开学生的自我管理

几十名学生组成的一个班级，光靠班主任、任课教师几个人的力量，是无法取得较好的管理效果的。引导全班每一名学生发扬主人翁精神，个个都成为班级管理工作的积极参与者，班集体方可能成为健康完整的有机体。引导学生自我管理，可以提高他们自我教育的能力。从根本上说，学生能否受到良好的教育，有内外两个方面因素的影响。而引导学生自我管理正是其内部因素发挥积极作用的重要途径，使学生在更好的环境中接受教育。

二、对学生自我管理的引导

要想提高学生的自我管理能力，班主任在班级管理中就要摆正自己的位置，既不能越俎代庖，也不能放任自流，而应针对学生的年龄特点，采用灵活多样的方法，由浅入深地对学生进行思想教育，循序渐进地将教育要求转化为学生自己的追求，使他们的主观能动性得到充分发挥，积极主动地参与班级的管理，从而进行自我体验、自我感知、自我陶冶、自我评价、自我厉行、自我督促，以提高自己的自我管理能力。

1. 强化学生自我管理的意识

自我管理的直接动力来源于学生自我服务、行为自律的需要。真正的自我服务、自我管理是学生发自内心的行动，具有明确的目的性和计划性。因此，引导学生自我管理首先要强化自我管理的意识。一方面，要注意对学生进行生活学习的独立性教育。例如，在班级以及学校举行的各种活动中宣传"自己的事自己做"，并举行各类与之相关的小竞赛，激发学生主动参与，强化他们自我管理的意识。同时，班主任还应主动与家长联系，让家长给学生更多从事独立活动的机会，保证学校、家庭、社会影响的一致性。另一方面，班主任又要注意保护学生自我管理的积极性，经常进行成就强化。一般说来，学生的心灵是纯洁无瑕的，他们乐于遵守纪律，乐于配合班主任的工作，也乐于为集体服务。只要教育得法，每个学生都会成为班级管理的积极参与者。那么，究竟该如何调动积极性呢？基本的途径是给予正面强化。

2. 建构学生自主教育活动的载体

（1）重视团队精神培养，激发学生的集体荣誉感，使学生时时牢记集体利益，处处为集体争光。每个班级都应该有自己的核心精神，如荣誉、责任、团队、信念等，这些要根据班级具体情况而定。一旦确认班级核心精神，就要采取种种方法将其渗透到每名学生的精神意识中，形成一种"集体性格"，实践中采取的主要方法有每天一训（呼号班训）、一歌（班歌）。这样不但能陶冶学生的情操，鼓舞人心，更重要是在发展班级特色的同时增强了主人翁意识，激发了学生的集体荣誉感。每天一分钟演讲，全班学生轮流。在演讲内容上精心安排、突出实效，既开阔学生视野，活跃班级气氛，又能起到感召激励的作用。每天一次小结，日事日毕，这种日清管理法有益于加强学生的责任感和荣誉感。

（2）在活动中培养学生的自我管理能力和责任意识。在目前的中学教育中，正式的课堂教学一般不包含培养自我管理能力的要求，于是丰富多彩的课外活动就成了培养自我管理能力的重要渠道。首先要制订严密的活动计划，其次要充分调动学生活动的积极性，教师只能给予学生一定指导，而不能一手包办整个活动，而且还应该尽量使每名学生都得到锻炼的机会。最后要重视对活动结果的评价，强调其活动的深远意义，致使其长期发挥效力。如在起始的班级文化建设中，可以举行系列活动，如"我爱我家"设计方案征集、"献一片绿色"绿化角组建、"捐一本好书"成立班级图书角、"写一首班歌""评一条班训"等等。在系列活动中，学生由"局外人"变成"局内人"，在自尊心和责任感的驱使下，由参与产生认同，提高班级向心力、凝聚力，从而有效地发挥自我教育作用。学生在履行义务的同时，也加强了责任心的培养。

（3）改变陈旧的管理模式，为学生提供自我管理的机会。学生中蕴藏着巨大的创造性，实践"自主教育"首先必须改变教育管理思想。一要尊重和信任学生，二要发挥学生的积极性和主动性，三要把功夫下在引导上而不是管束上。例如，班会集思广益由学生设计并主持，内容充实丰富，形式多样，有教育型、娱乐型、辩论型、竞赛型、讨论型、综合型等；每周确定一天为学生"自我管理日"，这一天老师除了上课外，一切课间时间、课余活动都交给学生自己管理，学生在学校的常规指导下充分发挥自己的主动性和创造性，施展各自的才能；成立中学生广播站、校刊、校报等学生社团，社团中的各项工作都由学生自己完成，为学生提供了创新与实践的舞台及参与社会实践的广阔天空，使课内外知识有机地结合起来，提高学生学习的积极性；设立"学生班主任"，提高学生自我管理的能力，这种方式可以对学生的要求较好地内化为学生自己的意识和行动，变"别人要我做"为"我必须这样做"，从而增强其自我管理的自觉性。

总之，作为一名班主任，应该认真抓好班级管理工作，充分发扬民主，让全体学生积极参与管理，千方百计调动学生的积极性和创造性，培养他们独立自主的精神和自我管理的能力，逐步完成由教师管理向学生管理的过渡，真正扮演好引路人和协调者的角色。

培养学生的自学自育能力

随着科学技术的迅速发展，知识更新的不断加快使我们进入了学习化社会，人们必须获取终身学习的能力。于是，班主任指导学生看书，从小培养良好的学习习惯，促进学生自学自育，显得尤其重要。真正的教育是使学生能够成功地进行自我教育的教育，是教学相长、师生合作的教育，是淡化教育"痕迹"的钟情教育，是激发创造欲望、培养创造才能，使学生越学越聪明、越学越增强使命感的教育。

一、学习方法的养成

学习方法好比是划船时用的双桨，可以让人在前进时变得更为容易。智商固然是学习的前提条件，但学习方法的重要性也是不可忽视的，甚至从某种意义上来说，学习方法比智商更重要。"工欲善其事，必先利其器。"对于学生而言，适当的学习方法就是"利器"，可以帮助学生更顺利、更有效地完成学习任务。因此，学生必须使用适合自己的学习方法。但找到适合自己的学习方法还不够，更重要的是将这种方法固定下来，成为一种习惯，这样才能帮助学生更好地学习。传授的知识是会被遗忘的，但学习方法则会使学生终身受益。

1. 勤于思考

"学而不思则罔。"在学习过程中，如果不进行主动的思考，而仅仅是被动地接受知识，就不是一种有策略的学习，也不会取得好的效果。"勤于思考"要注意知识前后的联系，通过理解知识而掌握知识，不要死记硬背。通过理解而进行的学习是意义学习，而死记硬背的学习是机械学习。心理学研究表明，意义学习更牢固，不容易遗忘，并且容易发生迁移，在以后的学习中能举一反三、触类旁通。相反，机械学习容易遗忘，只能应付眼前的考试，考试结束之后也就忘得差不多了。

2. 质疑精神

小疑则小进，大疑则大进。如果对知识只是不加分析地接受，就不会有任何进步。因为学习的本质是获得能力上的提高，而不是知识的增长。因此，要善于思考，鼓励自己提出质疑，而不要做"思想的懒汉""接受知识的机器"，不能只知道囫囵吞枣而不知道进行咀嚼、消化。

3. 勇于发问

学习本身是离不开发问的。好奇是一种可贵的品质，如果没有好奇，从不发问，人就不会成长，社会就不会发展。有时，家长或者老师会对学生的问题感到不耐烦，那是他们的不对，学生并没有错，千万别因为他们的错误行为而放弃自己的正确行为。教师根本的职责就是传道、授业、解惑，所以学生有不懂的地方要勇敢地举手，否则问题就会越来越多、越来越严重，解决起来会更困难。

二、自学能力的培养

1. 自学指导（一般课外进行）

教会学生如何阅读教科书，从读通、读懂到读细，这是自学的基础。模仿练习的指导，教会学生如何模仿课本上的例题去完成习题；预习方法的指导，如按照同步与成长中温习课本中的步骤去完成，体现了本课的重点和难点及解题思想方法等。

2. 任课教师设疑，学生自学基础知识（课堂教学）

学生在没有自学经验的情况下是很难一下就会自学的，他们会觉得很茫然，不知道要怎样去学，也不知道要达到怎样的要求才算会了。因此，一开始任课教师应给予学生一定的指导，让学生在任课教师的引导下进行自学。任课教师可把本节内容的重点或难点作为问题，并写在黑板上。开始时，任课教师的设问可以多一些且细一些，这些问题将作为学生阅读的提纲，引导学生在阅读时抓住核心，达到自学的目的。

3. 学生自学，互答疑问

学生经过一段时间基础知识和例题的自学训练后，已基本掌握了一些自学的方法。在此情况下，任课教师可逐渐减少所提的问题，让学生在自学后补充设问，互答疑问。

学生自己设问更符合他们的思维方式，更适合他们的思维特点，理解起来更容易，接受起来更快。通过这种方法，也更能调动学生的积极性。即使是一个以前不爱上数学课的学生，也会被这样一种民主、活跃的氛围所感染，不由自主地参与到其中。同时，通过学生互答疑问，给学生提供了一个交流的机会，使他们能够相互学习，取长补短。最后，任课教师进行归纳总结，使学生逐步学会从课本中找出知识的重点和难点，增强其分析问题、解决问题的能力，从而达到真正意义上的自学。

三、学生自育的途径

自学是学生自育的基本途径。在自学中调动其主观能动性，以积极的态度积极开动脑筋，参与质疑、参与探究、参与发现、参与总结、积累经验，开展探究性学习等活动，从而促进学生自学自育。培养中学生的自学自育能力有多种途径，如经常举行学习经验专题交流会。然而，最经常、最重要的是通过全部的教学活动，以教学的良好示范性向学生传授读书、学习的好方法，培养学生自学自育所需要的各种智力品质，发挥学生问答的自主性，加强自育自学的计划性。培养自育自学能力的一个关键问题是能否持之以恒地进行锻炼。这方面需要不断地对学生进行思想教育，注意发挥兴趣的推动作用与意志的支持力量。

总之，班主任工作是方方面面的，但每方面都有其独特的规律和方法。"授人以鱼不如授人以渔。"作为班主任，要培养学生自育自学的能力，让学生从"他律"走向"自律"，这是使学生终身受益的负责，是真正意义上的素质教育。

参考文献

［1］麦志强，潘海燕.班主任工作培训读本——中小学班主任专题培训教材
　　［M］.北京：中国轻工业出版社，2007.

［2］李镇西.我这样做班主任：李镇西30年班级管理精华［M］.桂林：漓江出
　　版社，2012.

［3］韩永库，王玉兰.小组合作学习课堂教学模式环节［J］.现代交易科学——
　　中学教师，2009（1）.

［4］石义堂.从滥用到缺席：批评在教育中的困境［J］.当代教育论坛，
　　2005（1）.

［5］刘承.批评教育的价值及其实现［J］.教育理论与实践，2004（12）.

［6］班化，陈家麟.中学班主任实施素质教育指南［M］.南京：南京师范大学
　　出版社，1999.

［7］魏书生.班主任工作漫谈［M］.桂林：漓江出版社，2008.

［8］朱新春.青少年生理与心理［M］.上海：上海教育出版社，1993.

［9］库兰·朱玛汗.浅谈素质教育中的班主任素质［J］.昌吉学院学报，
　　2003（3）.

［10］张亚敏.班主任应具备的基本素质和工作方法［J］.兵团教育学院学报，
　　2003（2）.

［11］杨天碧.浅谈班主任应具备的素质和能力［J］.广西教育，2004（11）.

［12］夏德勤，夏敏.创建和谐班级成就精彩人生［J］.新课程：教师，2012（8）.

［13］张露.浅谈班主任工作与创建和谐班级［J］.科技咨询导报，2007（5）.

［14］宋银燕.如何构建积极向上的班级文化氛围［J］.课堂内外·教师版（中
　　等教育），2011（1）.

［15］赖彩霞.浅谈和谐班级的构建［J］.新一代，2013（1）.

［16］童晓花.构建健康和谐积极向上的班集体［J］.读写算，2011（56）.

［17］李伟胜.班级管理［M］.上海：华东师范大学出版社，2010.

［18］吴小海，李桂枝.班主任九项技能训练［M］.北京：首都师范大学出版社，2008.

［19］朱永新.中国著名班主任德育思想录［M］.南京：江苏教育出版社，2010.

［20］赵绍友，张建化.德育工作艺术［M］.长春：吉林人民出版社，2001.

［21］杨同银.班主任工作技能训练指导［M］.北京：中国林业出版社，2001.

［22］燕峰，邢晓丹，吴岚.班级弹性管理的技术［J］.天津教育，2001（4）.

［23］周海鸥.班级管理"握手与放手"策略［J］.中学教学参考，2016（6）.

［24］汪晓丹.浅谈小组合作制对于班级管理的作用［J］.教育，2015，10（5）.